CS Lewis (1898–1963) - Kekristianan Semata-mata, Dihayati Sepenuhnya

Daripada Minda yang Enggan kepada Kehidupan yang Berubah

Surat-surat Hidup – Siri Renungan 40 Hari | Buku 2

Oleh
CS Lewis; Zacharias Godseagle ;
Amb . MO Ogbe ;
C . Ladi Ogbe ;

Table of Contents

HAK CIPTA © HALAMAN

CS Lewis (1898–1963) - Kekristianan Semata-mata, Dihayati Sepenuhnya
Daripada Minda yang Enggan kepada Kehidupan yang Berubah
Surat-surat Hidup – Siri Renungan 40 Hari | Buku 2

PENGARANG
CS Lewis
Zacharias Godseagle
Duta Isnin O. Ogbe
Comfort Ladi Ogbe

PENERBIT
Zacharias Godseagle dan Kementerian Godseagle Diterbitkan oleh: **Zacharias Godseagle**
Hubungi - https://www.otakada.org
ambassador@otakada.org
Tel/SMS +13024922440;
Whatsapp +2348032835348

PENAFIAN

Buku ini merupakan sumber renungan dan pemuridan. Walaupun ia diambil daripada tulisan-tulisan sejarah, termasuk *The Confessions of St. Augustine* , ia tidak bertujuan sebagai edisi akademik kritikal atau pengganti teks teologi utama. Petikan ayat-ayat suci digunakan untuk tujuan renungan dan pengajaran. Tafsiran dan aplikasi dibentangkan secara doa dan pastoral.

NOTIS KITAB SURAT KUDUS

Melainkan dinyatakan sebaliknya, petikan Kitab Suci diambil daripada terjemahan Bahasa Inggeris yang biasa digunakan. Penekanan telah ditambah di beberapa tempat untuk kejelasan dan fokus kepada kebaktian.

MAKLUMAT PERCETAKAN

Dicetak di Amerika Syarikat

Edisi Pertama

TENTANG BUKU INI – CS Lewis (1898–1963) - Kekristianan Semata-mata, Dihayati Sepenuhnya

Daripada Minda yang Enggan kepada Kehidupan yang Berubah

Apa yang berlaku apabila agama Kristian bukan sekadar dipercayai—tetapi *dihayati* ?

Sebelum Mere Christianity menjadi salah satu buku Kristian paling berpengaruh pada abad kedua puluh, penulisnya merupakan seorang yang enggan memeluk agama—

cemerlang, terluka, skeptikal, dan menentang Tuhan. CS Lewis tidak sampai kepada iman dengan mudah, dan dia juga tidak menerimanya secara sentimental. Dia memperjuangkan jalannya menuju kepercayaan, menentangnya dengan gigih, dan akhirnya menyerah kepada apa yang pernah disebutnya sebagai "pertobatan yang paling sedih dan enggan di seluruh England."

Buku ini bermula di situ.

Mere Christianity, Fully Lived mengajak pembaca ke dalam perjalanan 40 hari yang membawa idea-idea Lewis *ke dalam ketaatan harian* . Berdasarkan kehidupan awalnya, perjuangan intelektual, kehilangan peribadi, siaran masa perang, dan tulisan-tulisan yang berkekalan, renungan ini bukan sekadar menjelaskan agama Kristian—ia **melatih pembaca untuk mengamalkannya** .

Ramai pembaca mengagumi *Mere Christianity* namun sukar untuk mengaplikasikannya. Ada yang menganggapnya mendalam tetapi abstrak. Ada pula yang memuji kejelasannya sambil berharap ia lebih langsung berbicara kepada tekanan kehidupan moden. Renungan ini bertindak balas terhadap ketegangan yang berlarutan itu dengan melakukan apa yang Lewis sendiri percayai mesti dilakukan oleh iman: **beralih daripada akal kepada tindakan, daripada keyakinan kepada watak** .

Setiap hari menggabungkan:

- Detik **biografi** dari kehidupan Lewis
- Wawasan **teras** yang diambil daripada *Mere Christianity* dan tulisan berkaitan
- Refleksi **moden** yang menterjemahkan pemikiran Lewis ke dalam bahasa seharian
- Satu **tindakan praktikal atau latihan rohani** yang melibatkan minda, hati, dan kehendak

Daripada membebankan pembaca dengan teologi, buku ini membuka pembentukan secara beransur-ansur—membolehkan kebenaran berakar umbi melalui refleksi,

disiplin, dan respons yang dialami. Pembaca tidak diminta hanya untuk bersetuju dengan Lewis, tetapi untuk **berjalan bersamanya** , bergelut secara jujur dengan keraguan, keangkuhan, penderitaan, ketaatan, dan kegembiraan.
Ini bukanlah ringkasan tentang *Kekristianan Semata-mata* .
Ia adalah **rendaman berpandu** .
Bukan biografi sahaja.
Bukan manual apologetik.
Tetapi sebuah surat yang hidup—yang ditulis bukan di atas kertas, tetapi dalam kehidupan pembaca.
Jika Augustine mengajar kita tentang hati yang gelisah, Lewis mengajar kita tentang kehendak yang berdisiplin.
Dan buku ini mengajak anda untuk menjalani apa yang anda percayai—satu hari pada satu masa.

UNTUK SIAPA BUKU INI

Buku ini adalah untuk pembaca yang berfikir secara mendalam—dan ingin hidup dengan setia.
Ia ditulis untuk mereka yang mengagumi *Kekristianan Semata-mata* tetapi merasakan bahawa kepercayaan sahaja bukanlah pengakhiran perjalanan. Bagi mereka yang selaras dengan kejelasan pemikiran C.S. Lewis, namun merasakan ketegangan harian antara keyakinan dan amalan.
Buku ini adalah untuk:

- Orang Kristian yang beriman mesti melibatkan **minda dan ketaatan**
- Pembaca dibentuk oleh keraguan, akal, penderitaan, atau kejujuran intelektual
- Pencari yang mahukan lebih daripada sentimen, tetapi kurang daripada abstraksi
- Orang yang beriman merindui pembentukan, bukan sekadar maklumat
- Pembaca yang mengharungi kehidupan moden yang memerlukan kebenaran kuno diterjemahkan ke dalam realiti yang dijalani

Ia khas untuk mereka yang pernah berkata:

- *"Saya percaya ini—tetapi bagaimana saya menjalaninya?"*

- *"Kepercayaan saya masuk akal, tetapi hidup saya belum pulih lagi."*
- *"Saya mahukan agama Kristian yang membentuk watak, bukan sekadar pendapat."*

Ini bukan buku untuk bacaan pasif.
Ia adalah untuk mereka yang ingin dibentuk.

APA YANG AKAN ANDA TERIMA DARIPADA PERJALANAN INI

Perjalanan renungan selama 40 hari ini direka untuk **membentuk insan seutuhnya** —minda, hati, dan kehendak. Melalui bacaan harian, anda akan menerima:

• Potret Hidup CS Lewis
Anda akan menemui Lewis bukan sebagai ikon intelektual yang jauh, tetapi sebagai seorang lelaki yang dibentuk oleh kesedihan, keraguan, imaginasi, disiplin, dan penyerahan diri yang berat hati. Kehidupan awalnya, perjuangan, dan transformasinya menyediakan kerangka kerja manusia untuk iman yang terasa jujur dan mudah difahami.

• Kekristianan Semata-mata Diterjemahkan ke dalam Kehidupan Seharian
Idea-idea teras daripada *Kekristianan Semata-mata* diungkapkan semula dalam bahasa kontemporari dan diaplikasikan kepada realiti seharian—pekerjaan, perhubungan, hati nurani, penderitaan, ketaatan dan kegembiraan.

• Pembentukan Kerohanian Berstruktur
Setiap hari mengikuti rentak yang disengajakan: refleksi, pandangan dan respons—membenarkan kebenaran beralih daripada pemahaman kepada amalan.

• Iman Berasaskan Tindakan
Perjalanan ini bukan sahaja meminta anda untuk bersetuju dengan kebenaran Kristian. Ia mengajak anda untuk

mengamalkannya—melalui latihan yang disengajakan yang membentuk tabiat, keputusan dan watak.

• Kedalaman Secara Beransur-ansur, Tidak Membebankan

Daripada mendedahkan semuanya sekaligus, renungan ini membentangkan pembentukan secara progresif, memberi ruang untuk refleksi, penentangan, dan pertumbuhan. Menjelang akhir empat puluh hari ini, pembaca bukan sahaja akan mengenali Lewis dengan lebih baik.

Mereka akan memahami diri mereka sendiri dengan lebih jujur—dan lebih bersedia untuk menjalani apa yang mereka percayai.

TUJUH PETIKAN ULASAN YANG BERKUASA

"Kekristianan semata-mata menjelaskan apa yang dipercayai oleh orang Kristian. Buku ini membantu anda menjalaninya."

"Lewis tidak melemahkan iman—dan renungan ini juga tidak. Ia mencabar pembaca untuk ketaatan, bukan sekadar persetujuan."

"Beberapa buah buku telah membentuk agama Kristian moden seperti *Mere Christianity* . Renungan ini akhirnya membawa idea-ideanya ke dalam amalan harian."

"CS Lewis bercakap kepada minda moden kerana dia sendiri mula-mula bergelut dengan keraguan. Buku ini merakamkan kejujuran itu dengan indah."

"Jelas, menguatkan, dan sangat praktikal—pemikiran Lewis menjadi hidup apabila digandingkan dengan tindakan harian."

"Ini bukan pengabdian sentimental. Ia bernas, menuntut, dan sangat bermanfaat."

"Lewis bertemu pembaca di mana mereka berada—tetapi tidak pernah membiarkan mereka tinggal di sana."

Syalom!

Zacharias Godseagle ; Amb MO Ogbe ; C. Ladi Ogbe
Kementerian Helang Tuhan
https://www.otakada.org
ambassador@otakada.org

BLURB KULIT BELAKANG KARAKTER

Agama Kristian semata-mata menjelaskan kepercayaan itu. - Buku ini membantu anda menghayatinya.

Sebelum CS Lewis menjadi salah seorang tokoh agama Kristian yang paling berpengaruh, beliau merupakan seorang yang enggan memeluk agama Kristian—cemerlang, terluka, skeptikal, dan menentang Tuhan. Perjalanannya dari keraguan kepada penyerahan diri membentuk *Mere Christianity* , sebuah buku yang telah membimbing berjuta-juta orang ke arah iman.

Mere Christianity, Fully Lived mengajak pembaca untuk melangkah lebih jauh.

Renungan 40 hari ini menggabungkan kehidupan awal Lewis, pandangan teras daripada *Kekristianan Sejati* , dan aplikasi harian yang praktikal ke dalam perjalanan pembentukan hidup. Daripada meringkaskan teologi, ia melatih pembaca untuk mengamalkannya—hari demi hari. Setiap renungan menggabungkan biografi, kebenaran Kristian yang abadi, bahasa moden, dan tindakan yang disengajakan, membantu kepercayaan beralih dari halaman ke dalam kehidupan seharian.
Ini bukan sekadar renungan.
Ia adalah jemputan untuk pembentukan.

Bukan sekadar berfikir seperti seorang Kristian—
tetapi untuk hidup seperti seorang Kristian.
Surat-surat Hidup – di mana iman menjadi nyata.

DEDIKASI

Kepada semua yang percaya—
dan kepada mereka yang bergelut untuk percaya;
kepada minda yang mencari kejelasan, hati yang merindui kejujuran, dan kehidupan yang masih ditulis oleh rahmat Tuhan.
Untuk pembaca yang sedang dalam perjalanan panjang dari akal menuju penyerahan diri, dari iman yang diteliti hingga iman yang dihayati sepenuhnya.

PENGHARGAAN

Karya ini berdiri di atas bahu iman yang diteliti dengan teliti dan dihayati dengan berani.

Kami amat berterima kasih atas kesaksian berterusan **C.S. Lewis** , yang kejujuran intelektualnya, kejelasan imaginasinya, dan ketaatannya yang rendah hati terus membimbing ramai pembaca ke arah agama Kristian yang lebih mendalam dan lebih berkekalan. Walaupun dipisahkan oleh masa, suaranya tetap sangat jelas—memanggil minda moden untuk mempertimbangkan kebenaran, kebaikan, dan peribadi Kristus bukan sebagai idea abstrak, tetapi sebagai Tuhan yang hidup.

Kami menghargai ramai cendekiawan, guru, pastor, dan penulis yang telah memelihara dan menafsirkan kehidupan dan tulisan Lewis dengan teliti telah memungkinkan perjalanan renungan ini. Kerja keras mereka telah membantu memastikan bahawa iman yang diilhami oleh akal budi kekal mudah diakses oleh setiap generasi baharu.

Kami juga berterima kasih kepada komuniti pembaca global—para pencari, skeptikal, penganut, dan pejuang—yang mana persoalan, renungan, dan kritikan jujur mereka telah membentuk visi buku ini. Banyak tema yang dibahas di sini timbul daripada ketegangan sebenar yang disuarakan oleh para pembaca *Mere Christianity* : keinginan untuk kejelasan tanpa rasa dingin, keyakinan tanpa kebanggaan, dan kepercayaan yang mengubah kehidupan seharian dan bukannya kekal teori.

Terima kasih khas kepada mereka yang telah menyumbang kepada pembingkaian renungan dan aplikasi rohani karya ini. Kebijaksanaan anda yang penuh doa telah membantu membentuk buku ini bukan sahaja sebagai renungan tentang idea-idea Lewis, tetapi juga sebagai ajakan untuk mengamalkannya.

Yang paling penting, kita mengakui Tuhan—yang memenuhi minda yang enggan dengan kesabaran, mengejar hati yang mengembara dengan rahmat, dan terus menulis surat-surat hidup melalui kehidupan biasa yang diserahkan kepada kehendak-Nya.
Semoga karya ini bukan sebagai titik akhir, tetapi sebagai permulaan.

PENGHARGAAN PENERBIT

Jilid ini diterbitkan sebagai sebahagian daripada **Siri Renungan 40 Hari Surat-surat Hidup** , satu inisiatif pemuridan yang dikhaskan untuk membentuk orang percaya yang imannya bukan sahaja diakui, tetapi juga dijelmakan.

Siri ini bermula dengan ***St. Augustine dari Hippo (354–430 Masihi): Dari Hati yang Gelisah kepada Kehidupan yang Tertulis*** , yang menjejaki perjalanan Augustine dari pergolakan batin kepada ketaatan yang menyerah diri. Jilid pertama itu menetapkan keyakinan utama karya ini: bahawa Tuhan terus menulis kebenaran-Nya melalui kehidupan yang menyerah diri, dan bahawa kesaksian lelaki dan wanita yang setia kekal sebagai pengajaran yang hidup untuk Gereja hari ini.

Jilid pertama dalam siri Surat-surat Hidup boleh didapati di sini:
https://www.amazon.com/ST-AUGUSTINE-HIPPO-354-430-Devotional-ebook/dp/B0GJN8N9XS

Mere Christianity, Fully Lived meneruskan visi ini dengan beralih kepada kehidupan dan pemikiran **C.S. Lewis** , yang pertobatannya yang enggan dan iman yang berdisiplin berbicara dengan kuat kepada minda moden. Di mana Augustine mendedahkan hati yang gelisah, Lewis berhadapan dengan kehendak yang menentang—memanggil orang percaya yang melampaui kepercayaan kepada ketaatan harian.

Godseagle Ministries menerbitkan siri Living Epistles dengan mandat yang jelas: untuk mengurus sumber-sumber yang berpusatkan Kitab Suci yang memuridkan negara-negara, menguatkan Gereja, dan melengkapi orang percaya untuk hidup secara nyata sebagai duta Kristus. Kami percaya bahawa iman bukan disokong oleh idea sahaja, tetapi oleh kehidupan yang dibentuk melalui kebenaran, diuji oleh ketaatan, dan diberdayakan oleh Roh Tuhan.

Setiap jilid dalam siri ini ditawarkan dengan penuh doa, dengan harapan agar pembaca bukan sahaja akan belajar daripada masa lalu, tetapi juga akan bertindak balas pada masa kini—membenarkan Tuhan untuk terus menulis surat-surat hidup-Nya melalui kehidupan biasa yang diserahkan kepada tujuan-Nya.

Kami berterima kasih kepada setiap pembaca yang menyertai perjalanan ini, percaya bahawa Tuhan yang sama yang telah mengubah Augustine dan Lewis masih bekerja hari ini.

PRAKATA

Agama Kristian tidak pernah disokong oleh idea sahaja. Ia sentiasa dibawa ke hadapan melalui kehidupan. Daripada ketaatan Abraham kepada penyerahan diri Paulus, daripada pengakuan Augustine yang resah kepada penyerahan diri **C.S. Lewis yang enggan** , Tuhan telah memilih untuk memperkenalkan diri-Nya bukan sahaja melalui wahyu bertulis, tetapi juga melalui iman yang diwujudkan. Kitab Suci mendedahkan kebenaran; kehidupan menunjukkan bagaimana kebenaran itu apabila ia dipercayai, ditentang, diuji, dan akhirnya dipatuhi.

Buku ini ditulis dengan keyakinan itu.
Kekristianan semata-mata telah membantu berjuta-juta orang memahami apa yang dipercayai oleh orang Kristian. Ia telah menjelaskan doktrin, merungkai kekeliruan, dan berbicara secara meyakinkan kepada minda yang berfikiran luas merentasi generasi. Namun ramai pembaca telah merasakan jurang yang tenang antara pemahaman dan kehidupan—antara persetujuan dan ketaatan. Renungan ini dilahirkan untuk memenuhi jurang itu.
CS Lewis sendiri memahaminya dengan baik. Perjalanannya menuju Kristus tidak ditandai dengan semangat emosi atau kepastian segera, tetapi dengan perlawanan yang panjang, penaakulan yang teliti, dan akhirnya penyerahan diri yang menyebabkan dia kehilangan kawalan. Dia percaya sebelum dia taat. Dia berhujah sebelum dia berlutut. Dan apabila dia akhirnya mengalah, dia berbuat demikian bukan kerana iman terasa mudah, tetapi kerana kebenaran tidak memberinya pilihan lain.

Ketegangan itu—antara keyakinan dan transformasi—kekal sangat moden.

Kita hidup di zaman yang kaya dengan maklumat dan miskin dalam pembentukan. Ramai orang percaya tahu apa yang mereka percayai, namun bergelut untuk mengamalkannya secara konsisten. Iman ditegaskan, tetapi dibahagikan. Kristus dikagumi, tetapi tidak selalu diikuti. Lewis melihat bahaya ini dengan jelas dan menegaskan bahawa agama Kristian, jika benar, mesti membentuk semula kita—bukan sekadar memberi inspirasi kepada kita.

Buku ini mengajak anda ke dalam perhitungan yang sama. *Mere Christianity, Fully Lived* bukanlah panduan belajar, mahupun biografi dalam erti kata konvensional. Ia merupakan perjalanan 40 hari yang direka untuk membantu kepercayaan menjadi kenyataan melalui refleksi harian, pemeriksaan diri yang jujur, dan tindak balas yang disengajakan. Berdasarkan kehidupan awal Lewis, pertobatannya yang berat hati, dan pandangan abadi tentang *Mere Christianity* , setiap hari mengajak anda untuk melangkaui persetujuan pasif kepada kepatuhan yang diamalkan.

Hari-hari akan datang diatur secara sengaja. Ia tidak tergesa-gesa, dan juga tidak membebankan. Kebenaran dibiarkan terungkap secara beransur-ansur, memberi ruang untuk penentangan, pengiktirafan, dan tindak balas. Ada hari yang akan menjelaskan. Ada juga yang mungkin mengganggu. Ada juga yang mungkin menghadapi tabiat atau andaian yang lama tidak diteliti. Itu disengajakan. Pembentukan jarang berlaku tanpa geseran.

Buku ini tidak meminta anda untuk menjadi seperti CS Lewis. Ia mengajak anda untuk menjadi apa yang Lewis sendiri percayai sebagai panggilan untuk setiap orang Kristian: kehidupan di mana Kristus bukan sekadar diakui, tetapi diekspresikan.

Semasa anda bermula, datanglah dengan jujur.

Anda tidak memerlukan kepastian—hanya kesediaan. Anda tidak memerlukan kesempurnaan—hanya penyerahan diri. Matlamat perjalanan ini bukanlah untuk menghabiskan empat puluh bacaan, tetapi untuk memulakan cara hidup yang berbeza. Semoga halaman-halaman ini bukan lagi sebagai titik akhir, tetapi sebagai pintu masuk—ke arah iman yang bernas, berdisiplin, dan dihayati sepenuhnya.

ULASAN PEMBACA AWAL

"Saya telah membaca *Mere Christianity* lebih daripada sekali, tetapi renungan ini akhirnya membantu saya memperlahankan dan membiarkan kebenarannya mengubah tabiat harian saya."

"Buku ini tidak membiarkan anda bersembunyi di sebalik kekaguman terhadap Lewis. Ia dengan lembut tetapi tegas bertanya apakah sebenarnya rupa ketaatan."

"Gabungan biografi, refleksi, dan tindakan menjadikan ini terasa seperti perantisan rohani berpandu dan bukannya renungan."

"Apa yang paling mengejutkan saya ialah betapa peribadinya perkara ini. Perjuangan awal Lewis mencerminkan perjuangan saya sendiri jauh lebih daripada yang saya jangkakan."

"Berfikir tanpa berat, mencabar tanpa kasar. Ini adalah renungan untuk orang yang ingin iman mereka matang."

"Saya menghargai bahawa ini tidak tergesa-gesa. Setiap hari dibina berdasarkan yang terakhir, memberi ruang untuk keyakinan, tentangan, dan pertumbuhan."

"Menjelang akhir empat puluh hari itu, saya menyedari ini bukan sekadar tentang Lewis atau *Kekristianan Semata-mata* . Ia tentang bagaimana saya sebenarnya hidup."

PENGENALAN

"Kamulah surat kami, yang tertulis di dalam hati kami, yang dikenal dan dibaca oleh semua orang."
— 2 Korintus 3:2

Agama Kristian tidak pernah bertujuan untuk kekal sebagai teori.

Ia bukan diberikan semata-mata untuk dipertahankan, dijelaskan, atau dikagumi, tetapi untuk **dijelmakan** —untuk mengambil bentuk yang nyata dalam kehidupan biasa yang diserahkan kepada Kristus yang luar biasa. Injil tidak berakhir dengan kepercayaan; ia bermula di situ. Kesaksiannya yang sejati bukan sahaja terdapat dalam buku, tetapi dalam diri orang yang kehidupannya telah diorientasikan semula oleh kebenaran.

Inilah keyakinan di sebalik siri **Surat-surat Hidup** .

Setiap jilid dibina berdasarkan idea yang ringkas tetapi mencabar: bahawa kehidupan mereka yang bergelut dengan jujur dengan Tuhan, kebenaran, dan ketaatan masih bercerita—bukan sebagai sejarah yang jauh, tetapi sebagai pengajaran yang hidup. Perjuangan, kegagalan, kelewatan, dan akhirnya penyerahan diri mereka mendedahkan bagaimana iman berakar umbi dalam pengalaman manusia yang sebenar.

Dalam jilid ini, kita beralih kepada **CS Lewis (1898–1963)** — bukan kerana dia menjalani kehidupan Kristian yang sempurna, tetapi kerana dia menjalani kehidupan *yang jujur* .

Lewis tidak bermula sebagai seorang yang beriman dan bersemangat untuk ketaatan. Dia bermula sebagai seorang yang enggan berfikir—tajam, imaginatif, terluka, dan menentang Tuhan. Dia menyukai akal, keindahan, dan kejelasan moral, namun menentang autoriti yang dituntut oleh agama Kristian. Perjalanannya menuju Kristus bukanlah perjalanan yang pantas atau sentimental; ia ditandai dengan perdebatan, kelewatan, dan penyerahan diri yang datang dengan harga yang tinggi.

Itu menjadikan suaranya sangat relevan sekarang.

Kita hidup pada zaman di mana kepercayaan mudah untuk diakui, tetapi ketaatan sering ditangguhkan. Iman dibincangkan, dibahaskan, dan dikongsi, namun jarang dibenarkan untuk mengubah sepenuhnya kehidupan. Ramai orang bersetuju dengan agama Kristian secara prinsip sambil merundingkan tuntutannya dalam praktik. Lewis menyedari ketegangan ini dengan jelas dan menegaskan bahawa agama Kristian, jika benar, tidak memberi ruang untuk berkecuali yang selesa.

Buku ini mengajak anda ke dalam perhitungan yang sama.

Mere Christianity, Fully Lived bukanlah pengenalan kepada pemikiran Lewis, mahupun pengganti tulisannya. Ia adalah **perjalanan berpandu** yang membawa kehidupannya, ideanya, dan tuntutan Kristus ke dalam perbualan dengan pengalaman harian anda sendiri. Ia tidak tergesa-gesa untuk menjawab, tetapi ia tidak membenarkan pengelakan. Ia bertanya apa yang Lewis sendiri terpaksa hadapi: *Jika ini benar, bagaimana saya harus hidup?*

Bab-bab berikut direka untuk bergerak perlahan dan disengajakan. Anda akan menemui detik-detik dari kehidupan awal Lewis, pandangan yang diambil daripada *Mere Christianity* , dan renungan yang menterjemahkan kebenaran tersebut ke dalam bahasa moden. Setiap langkah menyediakan asas untuk apa yang akan datang, memberi ruang untuk pengiktirafan sebelum respons, dan keyakinan sebelum tindakan.

Anda tidak dijangka tiba dengan pasti.
Anda dijemput untuk tiba dengan jujur.

Matlamat perjalanan ini bukanlah untuk mengagumi CS Lewis, mahupun untuk menguasai idea-idea Kristian, tetapi untuk mengkaji bagaimana kepercayaan menjadi ketaatan—bagaimana kebenaran menjadi nyata dalam tabiat, keputusan, hubungan, dan watak.

Sebelum perjalanan seharian bermula, bahagian seterusnya akan membantu anda berlama-lama di tempat Lewis sendiri berlama-lama: di ruang antara penentangan dan penyerahan diri, antara mengetahui dan mengalah. Di sana, asas diletakkan untuk iman yang tidak kekal teori, tetapi dihayati sepenuhnya.

PENGENALAN KEPADA BAHAGIAN SATU

SEBELUM AGAMA KRISTIAN SAHAJA

Pembentukan Jiwa yang Enggan

Sebelum agama Kristian menjadi sesuatu yang perlu dijelaskan, dipertahankan, atau dihayati, ia adalah sesuatu **yang perlu ditentang** .

Bahagian Satu buku ini tidak bermula dengan kepercayaan. Ia bermula dengan pembentukan.

Lama sebelum *Mere Christianity* ditulis, kehidupan yang akan menghasilkannya dibentuk secara senyap—oleh kehilangan, kerinduan, imaginasi, intelek, dan kehendak yang tidak berputus asa. Kekuatan awal ini tidak membawa CS Lewis secara langsung kepada iman. Mereka menyediakannya untuk perhitungan yang tidak dapat dielakkannya.

Bahagian ini menjemput anda untuk berlama-lama di sana.

Di sini, Lewis belum lagi menjadi pemikir Kristian yang dikagumi ramai. Dia seorang budak lelaki yang terluka oleh kesedihan, seorang pemuda yang terbangun oleh kecantikan, minda yang berdisiplin yang menentang pihak berkuasa, dan seorang skeptikal yang jujur dan tidak sanggup menyerah kalah tanpa sebab. Soalannya tidak dangkal, penentangannya tidak cuai. Dia percaya kebenaran penting—dan kepercayaan itu sendiri menjadi mahal.

Inilah sebabnya kisahnya kekal begitu moden dan dikenali.

Ramai orang hari ini tidak menolak agama Kristian sepenuhnya. Mereka menangguhkannya. Mereka mengaguminya. Mereka menjauhkannya sambil kekal dibentuk secara mendalam oleh pengalaman yang membuatkan penyerahan diri terasa tidak selamat. Iman tidak diabaikan; ia ditangguhkan. Ketaatan tidak dinafikan; ia dirundingkan.

Bahagian Satu mengesan bagaimana postur ini terbentuk.

Bab-bab ini bukan bertujuan untuk meyakinkan anda.
Ia bertujuan untuk **membantu anda mengenali diri anda** .

Anda belum diminta untuk bersetuju atau tidak bersetuju lagi. Anda diminta untuk memerhatikan—bagaimana kehilangan mengajar berhati-hati, bagaimana kerinduan membangkitkan keinginan, bagaimana akal menuntut kejujuran, bagaimana hati nurani menolak kesunyian, dan bagaimana penyerahan diri sering terasa seperti kekalahan sebelum ia menjadi kebebasan.

Inilah tanah yang daripadanya *agama Kristian Mere* berkembang.
Ia juga merupakan tanah yang masih menjadi pegangan ramai pembaca.

Sebelum kepercayaan menjadi ketaatan, pembentukan telah pun bermula.

Apa yang berikut bukanlah pembelaan terhadap kepercayaan, mahupun peta jalan menuju keimanan.

Ia adalah jejak pembentukan.

Sebelum agama Kristian menjadi sesuatu yang akan dijelaskan oleh CS Lewis kepada orang lain, ia adalah sesuatu yang ditentangnya dalam dirinya sendiri. Soalan-soalannya tidak timbul dalam ruang hampa; ia dibentuk oleh kehilangan, kerinduan, imaginasi, dan keengganan berdisiplin untuk menyerah tanpa kejujuran.

Bahagian Satu memasuki dunia dalaman itu.

Bab-bab ini tidak tergesa-gesa membuat kesimpulan. Bab-bab ini bergerak perlahan-lahan, dengan sengaja, melalui kuasa-kuasa yang membentuk jiwa yang enggan—kuasa-kuasa yang masih membentuk banyak kehidupan hari ini. Di sini, kepercayaan belum menjadi ketaatan. Iman belum menjadi peribadi. Tetapi landasannya sedang disediakan.

Perjalanan bermula di mana rintangan masih terasa munasabah.

BAB SATU

SEBELUM KEPERCAYAAN MENJADI KETAATAN

Bagaimana Jiwa yang Enggan Bersedia untuk Kebenaran

Lama sebelum **CS Lewis** menjadi salah satu suara paling dipercayai dalam pemikiran Kristian, beliau merupakan seorang budak lelaki yang dibentuk oleh kesedihan, imaginasi, dan rasa dahaga yang tidak henti-henti untuk mencari makna.

Kisah Lewis tidak bermula dengan iman.
Ia bermula dengan **kehilangan** .

Pada usia muda, Lewis kehilangan ibunya. Luka itu bukan sekadar emosi—ia menyusun semula dunia dalamannya. Keselamatan hilang. Kepastian retak. Tuhan, jika Dia wujud, kelihatan jauh atau tidak boleh dipercayai. Seperti ramai orang hari ini yang menghadapi kesakitan lebih awal, Lewis belajar untuk terus hidup dengan beralih ke dalam diri—kepada buku, imaginasi, dan kemudian, intelek. Dia membina dunia di mana makna dapat dikawal, di mana akal menggantikan kepercayaan, dan di mana kerinduan dapat dinamakan tanpa dijawab.

Ini juga terasa moden.

Ramai orang hari ini menolak agama Kristian bukan kerana mereka menelitinya dengan teliti. Mereka menyimpang daripadanya kerana hidup mereka sakit pada usia muda, soalan-soalan tidak terjawab, atau pihak berkuasa mereka gagal. Iman tidak runtuh di bawah perdebatan—ia secara senyap-senyap terhakis di bawah kekecewaan.

Kehidupan awal Lewis melatihnya untuk berfikir dengan berani, tetapi juga untuk percaya dengan berhati-hati.

Ketika dia membesar, imaginasinya berkembang. Mitos, legenda, puisi, dan cerita membangkitkan dalam dirinya rasa yang mendalam bahawa realiti mesti bermakna lebih daripada sekadar kelangsungan hidup dan keseronokan. Dia merasakan bahawa keindahan menunjukkan dirinya sendiri, kerinduan itu mengisyaratkan sesuatu yang nyata. Namun apabila agama Kristian muncul, dia menentangnya dengan penuh semangat. Dia tidak menafikan moral. Dia tidak menafikan keindahan. Dia menafikan **penyerahan diri** . Tuhan, jika nyata, akan menuntut lebih daripada yang Lewis sedia berikan.

Jadi dia bertangguh.

Ramai pembaca moden mengenali sikap ini serta-merta. Mereka percaya ada "sesuatu yang lebih," namun teragak-agak untuk menamakannya Tuhan. Mereka mengagumi Kristus, namun teragak-agak untuk mengikuti-Nya. Mereka merindui makna, namun takut menyerah kalah.

Lewis hidup selama bertahun-tahun dalam ruang ini—apa yang boleh dipanggil **penentangan yang jujur** . Dia tidak berpura-pura tidak percaya adalah mudah. Dia mengakui bahawa hukum moral menekannya. Dia tahu betul dan salah terasa nyata, mengikat, tidak dapat dielakkan. Namun dia juga tahu bahawa jika agama Kristian adalah benar, ia tidak memerlukan penyesuaian, tetapi **mengalah** .

Ketegangan ini—antara mengetahui dan mematuhi—akhirnya membentuk hati **Kekristianan Sederhana** .

Kekristianan semata-mata tidak ditulis sebagai deklarasi kepercayaan yang berjaya. Ia ditempa dalam api penyerahan intelektual yang perlahan. Lewis telah membantah dirinya sendiri di sudut di mana kejujuran menuntut keputusan. Dia terkenal dengan menggambarkan dirinya sebagai "orang yang paling enggan memeluk agama Kristian di seluruh England." Keinsafannya tidak ditandai dengan ekstasi emosi, tetapi dengan keruntuhan rintangan yang senyap.

Itu juga berkaitan dengan zaman kita.

Dalam dunia yang sarat dengan maklumat, kepercayaan sering datang dengan mudah. Ketaatan tidak. Kita mengumpulkan khutbah, podcast, buku, dan petikan, namun tetap tidak berubah secara aneh. Kita berunding dengan Kristus dan bukannya berlutut di hadapan-Nya. Lewis menyedari ini sebagai masalah moden utama—bukan kejahilan, tetapi **separuh penyerahan diri** .

Kekristianan semata-mata muncul ketika Lewis cuba menjelaskan apa yang dia sendiri pelajari: bahawa agama Kristian bukanlah tentang menjadi orang yang lebih baik, tetapi tentang menjadi orang yang baharu. Bukan tentang mengurus tingkah laku, tetapi tentang menjalani transformasi. Bukan tentang menambahkan Tuhan ke dalam hidup kita, tetapi tentang membiarkan Tuhan mengatur semula segala-galanya.

Kehidupannya yang terdahulu—ditandai dengan kesedihan, imaginasi, kebanggaan intelektual, dan keengganan untuk mengalah—memberinya suara yang unik. Dia boleh bercakap dengan orang yang skeptikal tanpa penghinaan dan kepada orang yang beriman tanpa sanjungan. Dia memahami jiwa moden kerana dia telah hidup di dalamnya.

Jadi apabila Lewis menulis tentang keangkuhan, dia tidak berteori.

Apabila dia menulis tentang moral, dia tidak mengabstraksikannya. Apabila dia menulis tentang Kristus, dia menggambarkan Seseorang yang mengganggu dunia dalamannya yang teratur dengan teliti.

Kuasa abadi *Kekristianan Mere* terletak di sini: ia tidak membenarkan pembaca untuk menjadi pemerhati. Ia secara senyap-senyap menegaskan bahawa jika agama Kristian itu benar, maka berkecuali adalah mustahil. Kristus mesti ditentang atau dipatuhi.

Inilah sebabnya mengapa karya Lewis terus merentasi generasi, budaya, dan denominasi. Dia bukan sahaja menarik minat orang dalam agama. Dia bercakap kepada mereka yang teragak-agak, yang berfikir, yang terluka, dan yang resah secara senyap. Dia menulis untuk mereka yang merasakan bahawa kepercayaan tanpa transformasi adalah kosong—dan transformasi tanpa penyerahan diri adalah mustahil.

Perjalanan ini bermula di tempat Lewis sendiri pernah berdiri: antara kekaguman dan ketaatan, antara pemahaman dan penyerahan diri, antara kehidupan yang diarahkan kendiri dan kehidupan yang diarahkan oleh Kristus.

Anda tidak diminta untuk bersetuju dengan Lewis.
Anda dijemput untuk mengkaji persoalan dalaman yang sama yang membentuknya—dan untuk memerhatikan di mana persoalan-persoalan itu sudah ada dalam diri anda.

Bab-bab berikut tidak akan membuat anda tergesa-gesa.
Ia tidak akan membebankan anda. Tetapi ia tidak akan membuatkan anda tidak tersentuh.

Buat masa ini, cukuplah untuk mengenali perkara ini:
lama sebelum iman menjadi tindakan, ia mesti menjadi **peribadi** .

Perjalanan tidak bermula dengan jawapan.
Ia bermula dengan kejujuran.

TITIK INFLEKSI

Soalan untuk Pemeriksaan Diri yang Jujur

Soalan-soalan ini tidak bertujuan untuk dijawab dengan cepat.
Ia bertujuan untuk diberi perhatian.

Benarkan mereka untuk mengecam dan bukannya menyelesaikan masalah.

1. **Di manakah dalam kisah anda sendiri kepercayaan menjadi rumit—bukan melalui perdebatan, tetapi melalui pengalaman?**
   Detik-detik apakah yang secara senyap-senyap membentuk semula betapa selamatnya iman bagi anda?
2. **Dalam cara apakah anda mendapati lebih mudah untuk memikirkan tentang iman daripada menyerah kepadanya?**
   Di manakah pemahaman telah menggantikan penyerahan diri?
3. **Apakah kebenaran yang anda setujui yang belum anda patuhi?**
   Bersikaplah khusus, bukan umum.

4. **Bagaimanakah anda secara peribadi menangguhkan kepatuhan?**
   Melalui analisis? Gangguan? Niat baik ditangguhkan?
5. **Apakah kos ketaatan yang akan anda tanggung sekarang—bukan secara hipotesis, tetapi secara konkrit?**
   Kawalan, identiti atau keselamatan apakah yang terasa terancam?
6. **Pernahkah anda merasakan bahawa agama Kristian itu benar, namun menolaknya kerana apa yang mungkin dituntutnya?**
   Duduklah dengan jujur dengan ketegangan itu.
7. **Di manakah kekaguman terhadap Kristus berfungsi sebagai pengganti untuk mengikut-Nya?**
   Apa yang terasa terhormat—tetapi tidak berputus asa?
8. **Jika berkecuali bukan satu pilihan, apakah yang perlu diubah dalam hidup anda?**
   Jangan jawab—hanya perhatikan apa yang muncul di permukaan.

Orientasi Lembut untuk Pembaca

Anda belum diminta untuk bergerak lagi.
Anda diminta untuk *melihat*.

Sebelum kepercayaan menjadi ketaatan,
kebenaran harus menjadi peribadi.

BAB DUA

Kehilangan, Kerinduan, dan Kelahiran Rintangan

Apabila Kesakitan Membentuk Cara Kita Percaya

Lama sebelum kepercayaan menjadi perkara doktrin, ia dibentuk oleh pengalaman.

Bagi **CS Lewis** , kehilangan bukan sekadar menyebabkan kesedihan—ia secara senyap-senyap melatih nalurinya. Kematian ibunya bukan sekadar meninggalkan ketiadaan; ia menimbulkan persoalan yang akan berlarutan selama bertahun-tahun: *Bolehkah apa-apa sahaja benar-benar dipercayai akan kekal?*

Kesakitan ada caranya. Ia tidak selalunya mengeraskan hati sepenuhnya. Selalunya, ia mengajar hati untuk melindungi dirinya sendiri.

Lewis tidak bertindak balas terhadap kehilangan dengan menolak makna. Sebaliknya, dia mencarinya tanpa henti—tetapi mengikut caranya sendiri. Dia belajar sejak awal betapa rapuhnya kasih sayang, betapa tidak boleh dipercayainya keselesaan, betapa cepatnya keselamatan boleh lenyap. Dan oleh itu dia mula membina pertahanan dalaman—bukan tembok kepahitan, tetapi struktur kawalan.

Ini juga terasa moden tanpa sebarang keraguan.

Ramai orang hari ini membawa luka yang jarang mereka sebutkan. Kekecewaan zaman kanak-kanak. Jangkaan yang tidak dipenuhi. Tokoh-tokoh berkuasa yang mengecewakan mereka. Doa yang terasa tidak terjawab. Daripada menghadapi kehilangan ini secara langsung, mereka belajar untuk mengimbangi—bergantung pada kecekapan, kebebasan, intelek, atau kemampuan diri. Iman tidak ditolak mentah-mentah; ia dijaga dengan berhati-hati.

Penentangan Lewis terhadap Tuhan bukanlah berakar umbi dalam sikap acuh tak acuh. Ia dibentuk oleh sikap berhati-hati.

Dia sangat merindui—untuk keindahan, untuk kegembiraan, untuk sesuatu di luar dunia yang kelihatan. Namun dia takut bahawa mempercayai sepenuhnya akan membawa kepada risiko kekecewaan sekali lagi. Tuhan, jika nyata, bukan sahaja akan menawarkan keselesaan; Dia akan menuntut penyerahan diri. Dan penyerahan diri terasa tidak selamat.

Jadi Lewis belajar untuk mengagumi dari jauh.

Corak ini biasa bagi ramai orang. Kita membiarkan kerinduan wujud, tetapi kita mengawal jangkauannya. Kita mengakui keinginan, tetapi kita menolak kerentanan. Kita mengatakan kita terbuka kepada kebenaran—selagi ia tidak memerlukan kita melepaskan kawalan.

Kehilangan melatih kita untuk mengira.

Imaginasi Lewis memberinya gambaran tentang sesuatu yang lebih daripada itu—saat-saat kegembiraan yang menusuk, pengalaman keindahan yang sekejap yang mengisyaratkan realiti di luar dunia material. Tetapi pengalaman ini tidak serta-merta membawanya kepada Tuhan. Sebaliknya, ia memperdalam ketegangan. Jika kerinduan sedemikian menunjukkan sesuatu yang nyata, maka realiti itu sendiri mungkin memerlukan tindak balas.

Dan tindak balas bermaksud risiko.

Jadi Lewis belajar untuk menganalisis kerinduan dan bukannya mematuhinya. Dia menamakannya. Mempelajarinya. Mengandunginya. Ini membolehkannya kekal jujur secara intelektual tanpa terdedah secara peribadi. Dia boleh meneroka makna tanpa berlutut di hadapannya.

Sekali lagi, ini terasa sangat kontemporari.

Kita hidup dalam budaya yang menggalakkan penerokaan tanpa komitmen. Kita menganalisis iman, membincangkan kerohanian, dan mengambil wawasan—namun menentang apa sahaja yang akan mengubah hidup kita. Kerinduan dianggap sebagai pengalaman untuk diuruskan, bukan isyarat untuk diikuti.

Tentangan Lewis dibentuk di sini, dalam postur yang berhati-hati ini: cukup terbuka untuk dipersoalkan, cukup tertutup untuk kekal terkawal.

Tetapi kerinduan mempunyai cara untuk menolak pembendungan.

Keinginan yang cuba diatasi oleh Lewis menjadi peringatan berterusan bahawa sesuatu—atau Seseorang—berada di luar pertahanannya. Kehilangan telah melatihnya untuk tidak mempercayai kekekalan, namun kerinduan menegaskan bahawa kekekalan itu wujud. Kesakitan telah mengajarnya untuk menjaga dirinya sendiri, namun kegembiraan menunjukkan bahawa penyerahan diri mungkin berbaloi dengan risikonya.

Konflik dalaman ini akan menjadi salah satu ketegangan yang menentukan dalam hidupnya.

Lewis kemudiannya menulis tentang keinginan bukan sebagai sesuatu yang perlu dipenuhi oleh pengganti duniawi, tetapi sebagai petunjuk yang menunjukkan di luarnya. Namun sebelum dia dapat mengartikulasikan pandangan ini, dia harus menghadapi implikasinya secara peribadi. Kerinduan tidak boleh bersifat neutral. Ia menuntut tafsiran—dan akhirnya, respons.

Bagi kebanyakan pembaca moden, bab ini menyentuh perkara yang sensitif.

Kita mungkin tidak mengenal pasti diri kita sebagai orang yang skeptikal. Kita mungkin juga mengenal pasti diri kita sebagai orang yang beriman. Namun kita menyedari naluri untuk mengurus iman dengan teliti—untuk membenarkan kepercayaan tanpa pendedahan, persetujuan tanpa kerentanan, kekaguman tanpa ketaatan. Kehilangan mengajar kita berhati-hati. Kerinduan mengajar kita kegelisahan. Antara keduanya, penentangan secara senyap berakar umbi.

Kisah Lewis mengingatkan kita bahawa penentangan tidak selalunya pemberontakan. Kadangkala ia adalah perlindungan diri yang menyamar sebagai kebijaksanaan.

Tetapi agama Kristian tidak berpuas hati dengan kekaguman yang dijaga. Jika benar, ia menekan pertahanan kita dengan lembut tetapi berterusan. Ia bertanya sama ada kewaspadaan kita telah menjadi penghindaran—dan sama ada kerinduan kita memanggil kita di luar kawalan.

Bab ini tidak meminta anda untuk menyelesaikan ketegangan itu lagi.

Ia hanya meminta anda untuk menyedarinya.

Rindu bukanlah sesuatu yang tidak disengajakan.

Kehilangan bukanlah sesuatu yang tidak bermakna.

Kedua-duanya membentuk cara kita mendekati Tuhan.

Sebelum kepercayaan menjadi ketaatan, kuasa-kuasa ini mesti dinamakan.

Hanya dengan itu perjalanan itu boleh diteruskan dengan jujur.

TITIK INFLEKSI

Soalan untuk Pemerhatian Jujur

Jangan tergesa-gesa menjawab soalan-soalan ini.

Ia belum lagi bertujuan untuk dijawab sepenuhnya. Ada juga yang hanya bertujuan untuk diiktiraf.

1. **Apakah kehilangan atau kekecewaan awal yang membentuk cara anda belajar untuk mempercayai—atau tidak mempercayai—Tuhan?**
   Fikirkan bukan sahaja kehilangan yang dramatik, tetapi juga kehilangan yang tidak disengajakan:

jangkaan yang tidak dipenuhi, doa yang tidak dijawab, autoriti yang rosak.

2. **Dalam cara apakah anda telah belajar untuk melindungi diri anda daripada kekecewaan dengan kekal terkawal?**
   Di manakah berhati-hati perlahan-lahan menggantikan keterbukaan?
3. **Apakah yang anda benarkan diri anda kagumi dari jauh, tetapi enggan terlibat sepenuhnya?**
   Adakah terdapat versi iman yang anda anggap cantik—tetapi tidak selamat?
4. **Bagaimanakah anda biasanya bertindak balas terhadap kerinduan—untuk makna, kedalaman, atau keabadian?**
   Adakah anda mengejarnya, menganalisisnya, mengalihkan perhatian anda daripadanya, atau membendungnya?
5. **Di manakah perlindungan diri mungkin menyamar sebagai kebijaksanaan atau kematangan?**
   Apakah yang dirasakan "munasabah" yang sebenarnya boleh menjadi penghindaran?
6. **Jika kerinduan bukanlah sesuatu yang tidak disengajakan, apakah yang mungkin ditunjukkannya dalam hidup anda sekarang?**
   Apakah maksudnya untuk mengambil isyarat itu dengan serius?
7. **Apakah yang paling berisiko tentang penyerahan diri—bukan secara teori, tetapi secara praktik?**
   Apakah yang anda takutkan anda mungkin akan hilang?
8. **Pernahkah anda menangguhkan ketaatan bukan kerana anda tidak bersetuju dengan kebenaran, tetapi kerana mengalah terasa tidak selamat?**
   Duduklah dengan perbezaan itu.

Orientasi Lembut untuk Pembaca

Anda belum diminta untuk menyelesaikan soalan-soalan ini lagi.
Hanya untuk membiarkannya muncul secara jujur.
Kerinduan dan rintangan sering tumbuh bersama.
Menamakannya adalah tindakan kebenaran yang pertama.

BAB TIGA

Imaginasi Tanpa Penyerahan Diri

Apabila Kecantikan Membangkitkan Keinginan tetapi Berhenti Daripada Kepatuhan

Bagi **C.S. Lewis** , imaginasi bukanlah satu pelarian daripada realiti—ia adalah satu kesedaran terhadapnya.

Lama sebelum dia percaya kepada Tuhan, Lewis percaya pada makna. Keindahan menggerakkannya. Cerita menggerakkannya. Mitos membuka tingkap yang tidak dapat dilakukan oleh inteleknya sahaja. Melalui puisi, legenda, dan kisah-kisah kuno, dia merasakan bahawa realiti membawa beban melebihi kelangsungan hidup dan keseronokan. Ada sesuatu *yang lebih daripada itu* — sesuatu yang berterusan, bercahaya, dan di luar jangkauan.

Imaginasi mengajar Lewis untuk berfikir panjang.

Namun imaginasi, dengan sendirinya, tidak mengajarnya cara untuk mengalah.

Pengalaman awal Lewis tentang keindahan menghasilkan saat-saat keinginan yang mendalam—apa yang kemudiannya dipanggilnya *kegembiraan* . Saat-saat ini tidak dipenuhi oleh objek yang mencetuskannya. Sebaris puisi, sebuah cerita, sebuah kenangan tentang alam semula jadi—setiap satu membangkitkan kerinduan, kemudian pudar, meninggalkan rasa sakit. Pengalaman itu tidak dapat disangkal lagi, tetapi maknanya tetap tidak terjawab.

Dia mempelajari sesuatu yang penting sejak awal: keinginan boleh dibangkitkan tanpa dipenuhi.

Penemuan ini telah membentuk dirinya secara mendalam. Daripada membawanya serta-merta kepada Tuhan, imaginasi menjadi ruang di mana Lewis boleh mengalami transendensi tanpa komitmen. Dia boleh meneroka keajaiban tanpa penyerahan diri, keindahan tanpa ketaatan, kerinduan tanpa kesetiaan. Imaginasi membolehkannya kekal terbuka tanpa menjadi terdedah.

Postur ini bukanlah sesuatu yang luar biasa.

Ramai orang hari ini sangat tersentuh oleh keindahan—muzik, seni, cerita, keadilan, malah kerohanian—namun enggan menyebut sumbernya. Mereka mengalami kerinduan tetapi mengelakkan implikasinya. Mereka membiarkan imaginasi menggerakkan jiwa sambil mengekalkan kawalan kemahuan.

Imaginasi menjadi jalan tengah yang selamat.

Intelek Lewis menganalisis pengalaman-pengalaman ini dengan teliti. Dia mengkaji keinginan dan bukannya mengikutinya. Dia mengkaji kerinduan dan bukannya tunduk kepada apa yang dicadangkannya. Ini membolehkannya untuk kekal jujur tentang pengalamannya sambil menangguhkan tuntutannya.

Tetapi imaginasi, setelah terbangun, enggan kekal neutral. Kecantikan yang ditemui Lewis mula mengganggunya. Jika kerinduan tidak rawak—jika ia menghala ke luar dunia material—maka realiti itu sendiri mungkin tersusun ke arah sesuatu yang lebih besar. Dan jika itu benar, imaginasi bukan sekadar hiasan. Ia bersifat diagnostik.

Ia sedang menunjuk-nunjuk.

Lewis mula merasakan bahawa keinginannya yang paling dalam tidak bertujuan untuk dipenuhi oleh perkara-perkara yang menyedarkannya. Ia adalah petunjuk, bukan destinasi. Namun, untuk mengikuti petunjuk tersebut memerlukan lebih daripada sekadar imaginasi. Ia memerlukan penyerahan diri. Dan penyerahan diri masih terasa mahal.

Jadi Lewis terus mengagumi. Dia membiarkan keindahan mengarahkan emosinya sambil melawan kekuasaannya terhadap hidupnya. Dia menghargai tarikan transendensi tanpa tunduk kepadanya. Imaginasi memberinya bahasa untuk kerinduan, tetapi bukan keberanian untuk ketaatan.

Ketegangan ini—antara melihat dan mengalah—juga secara senyap-senyap merangkumi kepercayaan moden.
Ramai orang hari ini terharu dengan keindahan agama Kristian tetapi teragak-agak untuk menerima tuntutannya.
Mereka mengagumi ajaran Kristus, bergema dengan kisah penebusan, dan merasa tertarik kepada visi kehidupan yang diubahkan—namun menentang dakwaan bahawa keindahan ini memerlukan orientasi semula diri.
Imaginasi membangkitkan keinginan.
Kepatuhan memerlukan keputusan.
Perjalanan Lewis mengingatkan kita bahawa imaginasi adalah satu anugerah, tetapi ia bukanlah titik akhir. Ia boleh menyediakan hati, tetapi ia tidak boleh menyelesaikan kerja.
Kecantikan boleh memanggil kita ke arah kebenaran, tetapi ia tidak boleh memaksa kita untuk berlutut.
Akhirnya, Lewis menyedari bahawa imaginasi tidak menyesatkannya—tetapi ia tidak mencukupi dengan sendirinya. Kerinduan tidak bertujuan untuk diuruskan selama-lamanya. Ia bertujuan untuk membawa ke suatu tempat.
Bab ini tidak menyelesaikan ketegangan itu.
Ia hanya menamakannya.
Sebelum kepercayaan menjadi ketaatan, imaginasi sering membangkitkan jiwa.
Tetapi penyerahan diri tetap harus menyusul.

TITIK INFLEKSI

Soalan untuk Pemerhatian Jujur

Jangan tergesa-gesa soalan-soalan ini.
Biarkan ia muncul untuk mengenali, bukan jawapan.

1. **Apakah pengalaman keindahan, kisah, atau makna yang telah membangkitkan kerinduan dalam diri anda?**

Bilakah anda merasakan rasa tenang bahawa kehidupan melangkaui dirinya sendiri?

2. **Bagaimanakah anda biasanya bertindak balas terhadap kerinduan itu?**
   Adakah anda mengejarnya, menganalisisnya, membendungnya, atau mengalihkan perhatian anda daripadanya?
3. **Di manakah anda telah membiarkan imaginasi menggerakkan iman anda tanpa membiarkannya membentuk ketaatan anda?**
   Apa yang terasa memberi inspirasi—tetapi jauh dari jangkauan?
4. **Adakah aspek-aspek agama Kristian yang anda anggap indah tetapi enggan tunduk kepadanya?**
   Nyatakannya dengan jujur.
5. **Dalam cara apakah kekaguman mungkin berfungsi sebagai pengganti kesetiaan?**
   Di manakah penghargaan berakhir tanpa komitmen?
6. **Jika kerinduan adalah petunjuk dan bukannya destinasi, ke mana ia mungkin menunjukkan anda sekarang?**
   Jangan jawab—hanya perhatikan.
7. **Apakah yang paling mengancam tentang membiarkan kecantikan membawa kepada kepatuhan?**
   Apakah kawalan yang mungkin dipertaruhkan?

Orientasi Lembut untuk Pembaca

Imaginasi bukanlah musuh iman.
Tetapi ia juga bukan garisan penamat.
Kerinduan menyediakan hati.
Penyerahan menyediakan kehidupan.

BAB EMPAT

Ateis yang Jujur

Apabila Keraguan Enggan Menjadi Dangkal

Sebelum **CS Lewis** menyerah kepada kepercayaan, dia menjadi sesuatu yang jauh lebih jarang daripada seorang skeptikal biasa—dia menjadi seorang yang *jujur*.

Lewis tidak menolak agama Kristian kerana kemudahan, pemberontakan, atau sikap acuh tak acuh.

Ketidakpercayaannya bukanlah sesuatu yang sembrono. Ia berprinsip, bernas, dan berdisiplin. Dia percaya bahawa jika kebenaran itu penting, maka keselesaan palsu adalah bahaya yang lebih besar daripada ketidakselesaan. Oleh itu, dia menolak kepercayaan sehingga dia yakin ia dapat menahan penelitian.

Perbezaan ini penting.

Kebanyakan keraguan moden adalah tipis. Ia mengelakkan komitmen tanpa akibat yang menarik. Keraguan Lewis tebal. Ia bergelut. Ia berjaga pada waktu malam. Ia mengikuti hujah-hujah sehingga mencapai kesimpulan yang tidak selesa. Dia tidak mahu agama Kristian menjadi benar jika ia memerlukan ketidakjujuran intelektual. Dan jika ia *benar*, dia tahu dia tidak mampu untuk menganggapnya ringan.

Ateisme Lewis dibentuk bukan oleh permusuhan terhadap kebaikan, tetapi oleh kesetiaan kepada akal.

Dia percaya bahawa alam semesta pada akhirnya tidak peduli—mungkin cantik, tetapi tidak peribadi. Makna adalah sesuatu yang diunjurkan oleh manusia, bukan sesuatu yang mereka terima. Moralitas berguna, tetapi tidak mengikat. Keinginan adalah nyata, tetapi objeknya adalah khayalan. Pandangan dunia ini membolehkan Lewis kekal koheren

secara intelektual sambil mengelakkan autoriti yang tersirat oleh agama Kristian.
Namun kekoherenan ada batasannya.
Lewis mula menyedari keretakan dalam ketidakpercayaannya—bukan keretakan emosi, tetapi keretakan logik. Jika alam semesta benar-benar acuh tak acuh, mengapa kewajipan moral terasa tidak dapat dielakkan? Mengapakah betul dan salah menekan hati nurani dengan begitu berwibawa? Mengapakah ketidakadilan menimbulkan kemarahan dan bukannya sekadar rasa tidak suka?
Dia mendapati dirinya mempertahankan penilaian moral yang tidak dapat disokong sepenuhnya oleh pandangan dunianya. Ini mengganggunya.
Lewis menyedari bahawa dia meminjam kepastian moral daripada alam semesta yang tidak dapat dijelaskan oleh ateismenya. Dia hidup seolah-olah ada sesuatu yang benar-benar salah—bukan sahaja menyusahkan atau tidak diterima secara sosial, tetapi *secara objektifnya salah* . Pengiktirafan ini tidak mendorongnya ke arah iman dengan segera, tetapi ia mengganggu keyakinannya terhadap ketidakpercayaan.
Keraguan yang jujur ada caranya untuk melakukannya.
Daripada menyelesaikan ketegangan ini dengan cepat, Lewis tetap dengannya. Dia membiarkan keraguan merenung dirinya sendiri. Dia menahan godaan untuk melembutkan soalan atau berundur kepada sentimen. Dia mengikuti akal ke mana ia membawa—walaupun ia menunjukkan di luar batasan yang dia sukai.
Inilah sebabnya mengapa Lewis kekal begitu menarik bagi pembaca moden.
Dia tidak menolak keraguan.
Dia tidak mempersendakan skeptisisme. Dia menghormati persoalan yang jujur sambil mendedahkan batasannya.
Ramai orang hari ini sangat bersetuju dengan pendirian ini. Mereka mahukan iman yang menghormati akal. Mereka menolak kepercayaan yang memerlukan jalan pintas intelektual. Namun mereka juga merasakan bahawa keraguan, jika dibiarkan, boleh menjadi tempat perlindungan—tempat

di mana tanggungjawab ditangguhkan dan kepatuhan ditangguhkan.
Kisah Lewis mendedahkan kemungkinan ini secara lembut tetapi tegas.
Terdapat perbezaan antara keraguan yang mencari kebenaran dan keraguan yang mencari kelewatan. Yang satu berani. Yang satu lagi melindungi. Lewis mendapati bahawa ketidakpercayaannya, walaupun jujur, juga merugikan. Ia membolehkannya mengelak daripada menyerah kalah, tetapi ia akhirnya tidak dapat menjelaskan dunia yang didiaminya. Akhirnya, dia akan menyedari bahawa agama Kristian tidak melanggar akal—ia melengkapkannya. Tetapi pengiktirafan itu masih ada di hadapan.
Buat masa ini, Lewis berada di tempat yang sukar tetapi terhormat: tidak mahu percaya secara tidak jujur, namun semakin tidak dapat tidak percaya dengan selesa.
Bab ini tidak membantah anda untuk beriman.
Ia menanyakan sesuatu yang lebih halus.
Ia bertanya sama ada keraguan anda melakukan kerja yang anda percaya sedang mereka lakukan—atau sama ada keraguan itu secara senyap-senyap telah menjadi tempat perlindungan daripada keputusan.

TITIK INFLEKSI

Soalan untuk Pemerhatian Jujur

Jangan tergesa-gesa untuk mempertahankan diri semasa anda membaca ini.
Biarkan ia muncul secara senyap.

1. **Bagaimanakah anda akan menggambarkan keraguan anda sendiri—adakah ia ingin tahu, berhati-hati, defensif atau tidak dapat diselesaikan?**
   Apakah nada yang dibawanya?

2. **Pernahkah anda menangguhkan kepatuhan sambil memberitahu diri sendiri bahawa anda masih "memikirkan sesuatu"?**
   Apakah yang mungkin dilindungi oleh kelewatan itu?
3. **Di manakah anda mengharapkan agama Kristian memenuhi piawaian anda sebelum anda mempertimbangkan untuk tunduk kepadanya?**
   Adakah piawaian tersebut munasabah—atau mengawal?
4. **Adakah keraguan anda mendorong anda ke arah kebenaran, atau adakah ia membenarkan anda untuk tidak membuat keputusan selama-lamanya?**
   Duduklah dengan jujur dengan perbezaan itu.
5. **Apakah keyakinan moral yang anda pegang yang terasa tidak dapat dielakkan atau mengikat?**
   Dari manakah anda percaya keyakinan tersebut datang?
6. **Pernahkah anda perasan ketegangan antara apa yang anda katakan yang anda percayai tentang realiti dan bagaimana anda hidup di dalamnya?**
   Apakah yang didedahkan oleh ketegangan itu?
7. **Jika agama Kristian benar, apakah yang akan melindungi anda daripada keraguan anda sekarang?**
   Jangan jawab—hanya perhatikan.

Orientasi Lembut untuk Pembaca

Keraguan yang jujur bukanlah musuh iman.
Tetapi ia juga bukan tempat tinggal yang kekal.
Pada satu ketika, kebenaran meminta untuk dipatuhi—bukan sekadar diperiksa.

BAB LIMA

Hukum Moral Yang Tidak Boleh Kita Senyapkan

Mengapa Betul dan Salah Enggan Dirundingkan

Ketika **CS Lewis** meneliti ketidakpercayaannya dengan lebih teliti, satu realiti enggan berdiam diri: kehadiran *sepatutnya yang degil*.

Dia menyedari bahawa manusia bukan sahaja lebih menyukai tingkah laku tertentu—mereka *mengharapkannya*. Kami berhujah seolah-olah keadilan itu penting. Kami berdalih seolah-olah kami tahu kami telah melakukan kesilapan. Kami mengutuk kekejaman bukan sebagai menyusahkan, tetapi sebagai salah. Dan kami melakukan ini secara naluri, merentasi budaya dan keadaan, walaupun tidak memerlukan apa-apa untuk berdiam diri.

Ini mengganggu Lewis.

Jika alam semesta benar-benar tidak peduli, kewajipan moral sepatutnya terasa sebagai pilihan. Namun, ia tidak. Betul dan salah menekan hati nurani dengan beban yang tidak dapat dijelaskan sebagai naluri atau pengkondisian sosial semata-mata. Orang ramai tidak bersetuju tentang butiran moral, tetapi mereka jarang menekankan perselisihan faham itu sendiri. Sebaliknya, mereka berhujah seolah-olah terdapat piawaian bersama—dan seolah-olah orang lain sepatutnya mengenalinya.

Lewis menyedari ketegangan ini di mana-mana.

Kita memaafkan kelakuan kita dengan merayu kepada keadilan.

Kita mempertahankan diri dengan menjelaskan niat. Kita menuduh orang lain seolah-olah keadilan itu nyata. Walaupun kita melanggar piawaian kita sendiri, kita tidak menafikan kewujudan mereka. Kita merayu kepada mereka. Pemerhatian ini kemudiannya menjadi asas kepada **Mere Christianity** , tetapi lama sebelum Lewis menulis mengenainya, beliau sendiri bergelut dengan implikasinya.
Dari manakah datangnya hukum moral ini?
Jika ia hanya naluri, mengapa kita rasa wajar untuk membetulkannya?
Jika ia hanya budaya, mengapa kita menghakimi budaya—termasuk budaya kita sendiri? Jika ia hanya pilihan, mengapa ia mengikat kita walaupun menyusahkan?
Lewis mula melihat bahawa kewajipan moral bertindak kurang seperti ciptaan manusia dan lebih seperti penemuan—sesuatu yang ditemui dan bukannya dicipta. Dan jika itu benar, maka realiti itu sendiri mungkin bersifat moral.
Ini adalah pemikiran yang tidak selesa.
Alam semesta moral membayangkan akauntabiliti. Akauntabiliti membayangkan autoriti. Autoriti membayangkan Seseorang di luar diri kita sendiri.
Lewis tidak tergesa-gesa membuat kesimpulan ini, tetapi dia tidak boleh mengabaikan ke mana akal budi mengarah. Dia menyedari bahawa ateismenya menjelaskan banyak perkara dengan elegan—tetapi bukan hati nurani. Ia boleh menggambarkan tingkah laku, tetapi bukan kewajipan. Ia boleh menganalisis keinginan, tetapi bukan tanggungjawab. Undang-undang moral tidak memujinya.
Ia tidak memaafkannya. Ia menuduhnya.
Inilah sebabnya Lewis memahami bahawa moral bukanlah sesuatu yang melegakan. Ia bukan sahaja memberitahu kita cara untuk hidup dengan baik; ia mendedahkan sejauh mana kita gagal. Ia mendedahkan jurang antara apa yang kita tahu patut kita lakukan dan apa yang sebenarnya kita lakukan.
Pembaca moden segera menyedari ketegangan ini.
Kita bercakap dengan penuh semangat tentang keadilan, integriti, dan belas kasihan—namun memaafkan diri kita

sendiri apabila piawaian tersebut menuntut pengorbanan. Kita cepat mengenal pasti salah laku orang lain, lebih lambat mengakuinya dalam diri kita sendiri. Kita hidup seolah-olah kebenaran moral wujud, namun enggan tunduk sepenuhnya kepadanya.

Hukum moral mendedahkan sesuatu yang meresahkan: kita bukan sekadar tersilap. Kita tidak konsisten.

Lewis melihat bahawa ketidakkonsistenan ini bukanlah sesuatu yang sampingan kepada iman—ia adalah penting. Agama Kristian tidak bermula dengan memberitahu orang betapa baiknya mereka. Ia bermula dengan memberitahu mereka kebenaran: bahawa ada sesuatu yang tidak kena, dan usaha sendiri sahaja tidak dapat memperbaikinya.

Oleh itu, undang-undang moral bukan sekadar panduan etika. Ia adalah satu diagnosis.

Ia memberitahu Lewis bahawa manusia bukan sekadar jahil, tetapi terasing—bukan sekadar tidak berpengetahuan, tetapi juga tidak selaras. Dan jika diagnosis itu tepat, maka penambahbaikan tidak akan mencukupi. Transformasi diperlukan.

Kesedaran ini membawa Lewis lebih dekat kepada agama Kristian—tetapi tidak dengan selesa. Hukum moral bukan sahaja menunjuk ke arah Tuhan; ia menunjuk ke arah keperluannya sendiri. Ia mencabar kebebasannya. Ia mengganggu keyakinannya untuk berdikari. Ia menuntut tindak balas, bukan kekaguman.

Namun Lewis berlama-lama di sini, membiarkan beban kebenaran ini menekannya.

Sebelum kepercayaan menjadi ketaatan, hati nurani harus dipandang serius.

Tidak dijelaskan.

Tidak diuruskan. Tidak dibungkam.

Hukum moral enggan lenyap kerana ia bukan hak kita untuk diabaikan.

TITIK INFLEKSI

Soalan untuk Pemerhatian Jujur

Jangan jawab soalan-soalan ini dengan cepat.
Biarkan ia mendedahkan corak dan bukannya kesimpulan.

1. **Apabila anda menuduh orang lain melakukan kesalahan, apakah piawaian yang anda gunakan?**
   Dari manakah anda percaya piawaian itu datang?
2. **Bagaimanakah anda biasanya menjelaskan kegagalan moral anda sendiri?**
   Dengan niat? Keadaan? Perbandingan?
3. **Adakah terdapat keyakinan moral yang anda harap orang lain hormati tetapi sukar untuk mematuhi diri sendiri?**
   Duduklah dengan jujur dengan ketegangan itu.
4. **Apakah yang paling kerap dituduh oleh hati nurani anda?**
   Apakah yang didedahkan olehnya tentang apa yang anda hargai?
5. **Pernahkah anda merasakan bahawa anda tahu apa yang betul—tetapi tetap menentangnya?**
   Apakah akibat daripada penentangan itu?
6. **Jika kewajipan moral itu nyata, apakah yang dituntutnya daripada anda sekarang?**
   Jangan bertindak lagi—hanya perhatikan.
7. **Apakah yang akan berubah jika betul dan salah tidak boleh dirundingkan, tetapi mengikat?**
   Apakah yang perlu disusun semula?

Orientasi Lembut untuk Pembaca

Hukum moral tidak wujud untuk memalukan kita.
Ia wujud untuk mengatakan kebenaran.
Sebelum rahmat dapat diterima,
kebenaran harus dihadapi.

BAB ENAM

Apabila Mengalah Terasa Seperti Kekalahan

Mengapa Penyerahan Diri Sering Datang Terakhir

Ketika **CS Lewis** berada di ambang kepercayaan, masalahnya bukan lagi intelektual.

Hujah-hujah telah menyempit.

Alternatif-alternatif telah menipis. Hukum moral telah terlalu tegas untuk diabaikan.

Apa yang tinggal bukanlah persoalan kebenaran, tetapi **kehendak** .

Lewis mendapati bahawa penentangan terakhir terhadap agama Kristian bukanlah ketidakpercayaan—ia adalah ketakutan. Mengalah adalah kehilangan sesuatu. Tunduk adalah melepaskan kawalan. Agama Kristian, jika benar, bukan sekadar meminta untuk dipertimbangkan. Ia meminta untuk dipatuhi.

Dan ketaatan terasa seperti kekalahan.

Inilah saat yang ramai orang tidak pernah sebutkan namanya. Kita sering membayangkan penyerahan diri sebagai kelegaan, tetapi pada mulanya ia jarang terasa begitu. Ia terasa seperti kehilangan—autonomi, kepengarangan, hak untuk menentukan diri kita mengikut terma kita sendiri. Lewis tidak menentang Tuhan kerana dia menyukai kegelapan; dia menentang kerana dia menyukai kemerdekaan.

Dia faham bahawa kepercayaan sahaja tidak akan banyak mengubahnya. Mengalah akan mengubah segalanya.

Mengakui Tuhan adalah satu perkara.

Menyerah kepada-Nya adalah satu lagi perkara.

Lewis merasakan bahawa agama Kristian bukan sekadar untuk menasihatinya, tetapi untuk **mengambil alih** . Ia tidak menawarkan perkongsian; ia menuntut kesetiaan. Dan kesetiaan bermakna Lewis tidak lagi menjadi pihak berkuasa terakhir dalam hidupnya sendiri.

Kesedaran itu memperlahankannya.

Ramai pembaca moden menyedari keraguan ini dengan segera. Kita mungkin bersetuju dengan kebenaran Kristian, bersetuju dengan nilai-nilai Kristian, malah mengagumi Kristus—namun enggan membenarkan-Nya berkuasa ke atas keputusan, keinginan, masa, atau identiti. Iman terasa mudah diurus selagi ia kekal sebagai nasihat.

Tetapi agama Kristian tidak kekal sebagai nasihat.

Lewis menggambarkan pertobatannya bukan sebagai saat kegembiraan yang penuh kemenangan, tetapi sebagai penyerahan diri yang berat hati. Dia merasakan dirinya ditarik, dipenjara, dikejar—bukan bertentangan dengan kehendaknya, tetapi di luar kawalannya. Apa yang akhirnya mengalah bukanlah akal, tetapi tentangan.

Mengalah terasa seperti kekalahan kerana ia memerlukannya mengakui bahawa dia tidak berdikari, tidak berdaulat, tidak mampu berusaha sendiri.

Namun begitu—kekalahan ini kemudiannya akan mendedahkan dirinya sebagai kebebasan.

Tapi belum lagi.

Pada peringkat perjalanannya ini, Lewis terperangkap di pinggir. Dia tahu bahawa sebaik sahaja dia melintasinya, sikap berkecuali akan hilang. Dia tidak lagi dapat memerhatikan agama Kristian dari jarak yang selamat. Dia terpaksa hidup di dalamnya.

Keraguan ini amat berperikemanusiaan.

Kita bertangguh bukan kerana kita tidak cukup tahu, tetapi kerana kita cukup tahu untuk takut. Penyerahan diri mendedahkan kita. Ia berhadapan dengan diri kita yang diurus dengan teliti. Ia menuntut kepercayaan di mana kita telah belajar untuk melindungi.

Penentangan Lewis mengingatkan kita bahawa penyerahan diri bukanlah semata-mata emosi—ia adalah eksistensial. Ia mentakrifkan semula siapa yang memegang kuasa ke atas hidup kita. Dan kuasa, setelah diserahkan, tidak boleh dituntut semula tanpa akibat.

Bab ini belum meraikan penyerahan diri.
Ia menceritakan kebenaran tentang kosnya.
Sebelum kepercayaan menjadi ketaatan, kita mesti menghadapi apa yang diperlukan oleh ketaatan.
Mengalah sering terasa seperti kekalahan kerana ia menamatkan pemerintahan diri.

TITIK INFLEKSI

Soalan untuk Pemerhatian Jujur

Jangan jawab secara defensif.
Biarlah soalan-soalan ini menyatakan apa yang sebenar.

1. **Apakah yang terasa paling merugikan apabila menyerahkan kawalan hidup anda kepada Tuhan?**
   Jadilah spesifik.
2. **Di manakah anda lebih suka agama Kristian menasihati daripada memerintahkan?**
   Apakah bidang kehidupan yang terasa terlarang?
3. **Pernahkah anda menangguhkan ketaatan bukan kerana anda meragui kebenaran, tetapi kerana mengalah terasa seperti kehilangan?**
   Apakah yang anda lindungi?
4. **Apakah autoriti yang anda enggan untuk mengalah pada masa ini—lama-kelamaan,**

keputusan, hubungan atau identiti?
Duduklah dengan tentangan itu.

5. **Adakah anda lebih mengaitkan penyerahan diri dengan kekalahan berbanding kebebasan?**
Pada pendapat anda, mengapa begitu?
6. **Jika berkecuali bukan lagi satu pilihan, apakah yang akan berubah dahulu dalam hidup anda?**
Jangan bertindak—hanya perhatikan.
7. **Versi diri anda yang manakah mungkin perlu mati untuk memulakan kepatuhan?**
Biarkan persoalan itu kekal terbuka.

Orientasi Lembut untuk Pembaca
Penyerahan diri jarang sekali dramatik.
Ia selalunya secara senyap, enggan, dan merugikan.
Tetapi ia tidak pernah tidak bermakna.

PENGENALAN KEPADA BAHAGIAN DUA

MENGAPA KEKRISTIAN SECARA SEDERHANA MASIH PENTING

Kebenaran Yang Enggan Kekal Secara Teoritis

Pada satu ketika, refleksi memberi laluan kepada perhitungan.

Bahagian Kedua buku ini bermula di mana berkecuali berakhir.
Kekristianan semata-mata tidak ditulis untuk memberi inspirasi kepada persetujuan samar-samar atau kekaguman intelektual. Ia ditulis untuk menghadapi masalah tertentu: dunia yang merasakan kewajipan moral tetapi menentang autoriti moral; orang yang bercakap tentang betul dan salah tetapi hidup seolah-olah kebenaran boleh dirundingkan; orang percaya yang bersetuju dengan Kekristianan tanpa membiarkannya mengubah mereka.
CS Lewis menulis *Mere Christianity* selepas dia telah pun terperangkap oleh kebenaran. Apa yang tinggal bukanlah penjelasan, tetapi ketaatan. Buku itu tidak bertanya sama ada agama Kristian itu menarik. Ia bertanya sama ada ia **benar** — dan jika benar, apa yang mesti berlaku selepas itu.
Bahagian ini sengaja ditujukan kepada soalan itu.
Bab-bab berikut tidak meringkaskan *Mere Christianity* . Bab-bab ini mengesan **titik-titik tekanannya** — tempat-tempat di mana kepercayaan menjadi tidak selesa, tempat keangkuhan terdedah, tempat pemerintahan sendiri dicabar, dan tempat transformasi menjadi tidak dapat dielakkan.
Lewis tidak melembutkan detik-detik ini.
Buku ini juga tidak akan.
Di sini, agama Kristian berhenti menjadi sesuatu yang perlu dinilai dan mula menuntut respons. Undang-undang moral tidak lagi abstrak. Keangkuhan tidak lagi teori. Iman tidak lagi bersifat peribadi. Kristus tidak lagi sekadar dikagumi.
Bahagian Dua menyediakan anda untuk perjalanan seterusnya dengan menjelaskan apa yang dipertaruhkan.
Jika agama Kristian itu benar, ia tidak datang untuk memperbaiki tingkah laku kita.
Ia datang untuk membentuk semula diri kita .
Bab-bab dalam bahagian ini bertujuan untuk merapatkan jarak antara mengetahui dan melakukan—antara memahami dan menjalani kehidupan. Bab-bab ini menyediakan landasan untuk perjalanan selama 40 hari yang bukan sahaja akan

meminta anda memikirkan tentang iman, tetapi juga untuk mengamalkannya.

Agama Kristian semata-mata masih penting kerana masalah yang ditanganinya tidak berubah.

Kepercayaan adalah perkara biasa.

Ketaatan jarang berlaku.

Bahagian ini wujud untuk menjadikan perbezaan itu mustahil untuk diabaikan.

Pada satu ketika, refleksi memberi laluan kepada perhitungan. Persoalan-persoalan yang ditimbulkan dalam bab-bab sebelumnya tidak lagi boleh kekal sebagai teori. Kehilangan telah dinamakan. Kerinduan telah dibangkitkan. Keraguan telah diuji. Hati nurani telah bersuara. Rintangan telah didedahkan.

Apa yang tinggal bukanlah rasa ingin tahu, tetapi keputusan.

Bab-bab berikutnya beralih terus kepada *Kekristianan Semata-mata* — bukan sebagai buku yang perlu diringkaskan, tetapi sebagai kebenaran yang mendesak untuk mendapat respons.

Di sini, kepercayaan tidak lagi diperhatikan dari jauh. Ia dihadapi. Diuji. Dan dikehendaki untuk beralih daripada persetujuan kepada ketaatan.

Di sinilah sifat berkecuali mula hilang.

BAB TUJUH

Bukan Kitab, tetapi Hisab

Mengapa Kebenaran Enggan Kekal Teoritis

Apabila **CS Lewis** akhirnya beralih kepada agama Kristian, beliau tidak berbuat demikian sebagai seorang yang mencari ketenangan. Beliau berbuat demikian sebagai seorang yang terpenjara oleh kebenaran.

Agama Kristian semata-mata tidak ditulis untuk memenangi perdebatan atau memupuk kekaguman. Ia ditulis kerana Lewis mendapati bahawa kepercayaan, setelah jujur, tidak boleh kekal neutral. Buku ini wujud kerana soalan-soalan yang diajukan Lewis kepada dirinya sendiri tidak akan meninggalkannya sendirian—dan kerana dia menyedari bahawa soalan-soalan itu juga menekan orang lain.

Pada terasnya, *Mere Christianity* menangani masalah yang terasa moden: orang yang merasakan kewajipan moral, bercakap tentang yang betul dan salah, mengagumi Kristus, namun menentang autoriti yang tersirat oleh kepercayaan itu. Lewis melihat bahawa ramai yang sanggup menerima idea Kristian selagi idea-idea itu tidak menyusun semula kehidupan. Sikap itu mengganggunya.

Lewis memahami bahawa agama Kristian tidak menawarkan dirinya sebagai satu pilihan di antara banyak falsafah. Ia menampilkan dirinya sebagai dakwaan tentang realiti—satu dakwaan yang, jika benar, menuntut tindak balas.

Kepercayaan yang telah ditentangnya dan akhirnya dianutnya tidak datang untuk memperhalusi pilihan; ia datang untuk berhadapan dengan diri sendiri.

Inilah sebabnya mengapa *Mere Christianity* terasa berbeza daripada buku Kristian yang lain. Ia tidak menyanjung pembaca. Ia tidak menjemput persetujuan tanpa akibat. Ia bergerak dengan mantap, hampir tanpa henti, dari pengiktirafan kepada implikasi.

Lewis bermula di tempat rintangan paling sukar untuk dikekalkan: dengan pengalaman manusia bersama tentang kewajipan moral. Dari situ, dia terus maju—bukan untuk memalukan, tetapi untuk menjelaskan. Jika kita tahu apa yang patut kita lakukan dan gagal melakukannya, ada sesuatu yang tidak kena. Dan jika ada sesuatu yang tidak kena pada tahap diri, maka penambahbaikan sahaja tidak mencukupi. Kekristianan, tegas Lewis, bukanlah tentang menjadi orang yang sedikit lebih baik. Ia adalah tentang menjadi orang yang berbeza.

Desakan inilah yang menyebabkan *agama Kristian Semata-mata* masih meresahkan pembaca beberapa dekad kemudian. Ia memberi sedikit ruang untuk pembahagian. Iman tidak boleh kekal peribadi. Kepercayaan tidak boleh kekal hiasan. Kristus tidak boleh kekal sebagai nasihat.

Kuasa buku ini bukan terletak pada kerumitannya, tetapi pada keniscayaannya. Lewis tidak tergesa-gesa. Dia bernalar dengan sabar. Dia membiarkan bantahan timbul. Namun langkah demi langkah, dia menghilangkan perlindungan berkecuali. Pada saat pembaca sampai ke tuntutan utama agama Kristian, persoalannya bukan lagi *Adakah ini menarik?* tetapi *Adakah ini benar—dan jika ya, apa yang akan terjadi selanjutnya?*

Inilah sebabnya mengapa *agama Kristian semata-mata* tidak boleh dianggap sebagai teks semata-mata untuk dikaji.

Ia adalah satu perhitungan.

Lewis mengetahui perkara ini kerana ia pada mulanya merupakan satu perhitungan untuknya. Dia tidak menulis dari sudut keunggulan, tetapi dari pengalaman. Kebenaran yang dikemukakannya adalah kebenaran yang mengganggu kebebasannya, menentang keangkuhannya, dan menuntut kepatuhannya.

Dan Bahagian Kedua buku ini sengaja beralih ke arah konfrontasi itu.

Bab-bab berikut tidak meringkaskan *Mere Christianity* . Bab-bab ini mengesan tekanan yang dikenakannya—cara ia mendedahkan keangkuhan, mentakrifkan semula kebebasan, mencabar pemerintahan sendiri dan menyeru transformasi yang memerlukan kos dan keperluan.

Jika Bahagian Satu menunjukkan bagaimana jiwa disediakan, Bahagian Dua menanyakan apa yang mesti dilakukan sekarang.

Di sinilah kepercayaan mula hilang kepolosannya.

Dan ketaatan mula terbentuk

TITIK INFLEKSI

Soalan untuk Pemerhatian Jujur

Jangan tergesa-gesa soalan-soalan ini.

Biarkan mereka menjelaskan apa yang dipertaruhkan.

1. **Apakah yang biasanya anda harapkan daripada buku-buku Kristian—ketenangan, kejelasan, inspirasi atau perubahan?**
   Antara yang berikut, yang manakah anda tolak secara senyap-senyap?
2. **Pernahkah anda bersetuju dengan kebenaran Kristian sambil menentang implikasinya terhadap hidup anda?**
   Di manakah ketegangan itu muncul?
3. **Dalam cara apakah anda membiarkan kepercayaan kekal bersifat peribadi atau terpisah-pisah?**
   Apakah aspek kehidupan yang terasa tidak disentuh oleh iman?
4. **Apakah yang anda harap agama Kristian *tidak* perlukan daripada anda?**
   Duduklah dengan jujur dengan harapan itu.

5. **Adakah anda mendapati diri anda lebih selesa membincangkan tentang iman daripada mengamalkan ketaatan?**
   Pada pendapat anda, mengapa begitu?
6. **Jika agama Kristian itu benar, bahagian manakah dalam hidup anda yang tidak lagi boleh kekal neutral?**
   Jangan bertindak—hanya perhatikan.
7. **Apakah ertinya kepercayaan menjadi mahal dan bukannya mudah?**
   Biarkan persoalan itu berlarutan.

Orientasi Lembut untuk Pembaca

Kebenaran tidak meminta untuk dikagumi.
Ia meminta untuk dipatuhi.
Bab ini belum lagi memerlukan respons.
Ia menjelaskan mengapa respons akhirnya tidak dapat dielakkan.

BAB LAPAN

Masalahnya Bukan Tingkah Laku, tetapi Kendiri

Mengapa Kekristianan Tidak Bermula Dengan Penambahbaikan

Salah satu penemuan paling meresahkan yang dibuat oleh **CS Lewis** dalam *Mere Christianity* ialah:
masalah utama yang ditangani oleh agama Kristian bukanlah apa yang kita *lakukan* , tetapi siapa yang bertanggungjawab atas siapa diri *kita* .
Kebanyakan orang menganggap agama wujud untuk menjadikan kita berkelakuan lebih baik. Lebih baik hati. Lebih berdisiplin. Lebih dihormati. Lewis membongkar andaian ini dengan teliti dan tanpa henti. Agama Kristian, hujahnya, bukanlah tentang membantu orang jahat berkelakuan lebih baik. Ia adalah tentang mengubah orang yang pada asasnya tidak sejajar di tengah-tengahnya.
Isunya bukanlah tingkah laku di permukaan.
Ia adalah **pemerintahan sendiri** .
Lewis memerhatikan bahawa ramai orang sanggup membuat penyesuaian moral selagi mereka kekal terkawal. Kita akan mengubah tabiat, mengamalkan disiplin, dan juga membuat pengorbanan—dengan syarat diri kekal berdaulat. Walau bagaimanapun, agama Kristian tidak berunding dengan diri sendiri. Ia berhadapan dengannya.
Inilah sebabnya mengapa agama Kristian terasa berlebihan terhadap sensitiviti moden.
Kita lebih suka penambahbaikan daripada penyerahan diri.
Kita mahukan teknik, bukan transformasi. Kita bertanya berapa banyak yang Tuhan kehendaki, bukan siapa Tuhan

yang mesti menjadi kepada kita. Lewis melihat bahawa sikap ini salah faham sepenuhnya tentang sifat iman.
Agama Kristian tidak datang untuk menjadikan kita orang yang lebih baik.
Ia datang untuk menjadikan kita **orang baharu** .
Lewis menggunakan imej sebuah rumah yang sedang diubah suai—bukan ditampal, tetapi dibina semula. Dindingnya bukan sekadar dibaiki; bilik-bilik distruktur semula. Sayap yang tidak dijangka ditambah. Sokongan galas beban dialihkan. Prosesnya mengganggu kerana Arkitek tidak berminat dengan perubahan kosmetik.
Di sinilah ramai yang menentang.
Kita sering rela membiarkan Tuhan membetulkan tingkah laku tertentu sambil melindungi teras diri daripada gangguan. Kita membenarkan arahan, tetapi menentang autoriti. Kita menerima bimbingan moral, tetapi bukan pemilikan moral. Lewis menyedari bahawa ini bukanlah agama Kristian—ia adalah peningkatan diri dengan bahasa keagamaan.
Dakwaan Kristian lebih lanjut: diri yang berkeras untuk mengawal adalah perkara yang mesti diserahkan. Lewis berpendapat, keangkuhan bukan sekadar satu dosa antara dosa yang lain. Ia adalah keadaan yang memastikan semua dosa lain terus hidup. Selagi diri kekal bertakhta, transformasi kekal sebahagian.
Ini amat tidak selesa.
Ini bermakna agama Kristian tidak membiarkan diri utuh . Ia bukan sekadar menasihati ego; ia menggantikannya. Kristus tidak datang untuk membantu kita menjalankan kehidupan kita dengan lebih baik. Dia datang untuk **mengambil alih pengurusannya** .
Lewis mengetahui perkara ini secara peribadi.
Penentangannya terhadap kepercayaan bukanlah semata-mata intelektual—ia adalah eksistensial. Menjadi seorang Kristian bererti melepaskan kepengarangan. Ia adalah mengakui bahawa diri tidak layak untuk memerintah dirinya sendiri.
Di sinilah kepercayaan sering terhenti.

Kita bersetuju dengan kebenaran Kristian sambil mengedit jangkauannya secara halus. Kita menerima pengampunan tetapi menentang pembentukan. Kita mahukan rahmat tanpa tadbir urus. Lewis menolak perpecahan ini. Kekristianan, tegasnya, sama ada mengambil seluruh diri—atau ia tidak mengambil apa-apa.
Inilah sebabnya mengapa *Kekristianan Semata-mata* tidak berfungsi sebagai galakan yang lembut. Ia mendesak ke arah kesimpulan yang tidak dapat dielakkan oleh pembaca: jika Kristus adalah Tuhan, maka diri harus mundur.
Tidak diperbaiki.
Tidak dinasihatkan.

Digantikan sebagai pemerintah.
Bab ini belum memberitahu anda cara untuk melakukannya lagi.
Ia memberitahu anda mengapa penyerahan separa tidak boleh berkesan.
Transformasi tidak bermula dengan tingkah laku yang lebih baik.
Ia bermula dengan perubahan siapa yang bertanggungjawab.

TITIK INFLEKSI

Soalan untuk Pemerhatian Jujur

Jangan jawab secara defensif.
Biarkan soalan-soalan ini mendedahkan postur, bukan prestasi.

1. **Di manakah anda paling fokus untuk memperbaiki tingkah laku daripada melepaskan kawalan?**
   Apakah yang dirasakan lebih selamat untuk diubah?
2. **Dalam aspek kehidupan manakah anda meminta bimbingan Tuhan tetapi menentang kekuasaan-**

Nya?
Bersikaplah spesifik.

3. **Apakah reaksi anda terhadap idea bahawa agama Kristian bertujuan untuk menggantikan pemerintahan sendiri dan bukannya memperhalusinya?**
   Apakah emosi yang timbul?
4. **Bahagian manakah dalam identiti anda yang paling terancam oleh idea penyerahan diri?**
   Pada pendapat anda, mengapakah begitu?
5. **Adakah anda mengukur pertumbuhan rohani lebih banyak melalui usaha atau melalui penjajaran?**
   Apakah yang didedahkan olehnya tentang postur anda?
6. **Di manakah mungkin keangkuhan menyamar sebagai kebebasan atau kematangan?**
   Duduklah dengan jujur dengan kemungkinan itu.
7. **Jika Kristus yang bertanggungjawab sepenuhnya, apakah yang tidak lagi boleh dirundingkan?**
   Jangan bertindak—hanya perhatikan.

Orientasi Lembut untuk Pembaca

Agama Kristian tidak meminta kerjasama.
Ia meminta penyerahan diri.
Bukan kerana Tuhan yang mengawal,
tetapi kerana pemerintahan yang berpecah belah tidak dapat menyembuhkan diri yang berpecah belah.

BAB SEMBILAN

Ilusi Menjadi "Cukup Baik"

Mengapa Perbandingan Secara Senyap Menolak Rahmat

Salah satu halangan paling senyap untuk transformasi, menurut **CS Lewis** , bukanlah pemberontakan—tetapi perbandingan.

Dalam *Mere Christianity* , Lewis berulang kali kembali kepada kebenaran yang mudah tetapi meresahkan: moral yang diukur melalui perbandingan boleh terasa melegakan sambil kekal sangat mengelirukan. Selagi kita mentakrifkan kebaikan dalam hubungan dengan orang lain, kita boleh kekal tenang tanpa pernah berubah.

Perbandingan melembutkan keyakinan.

Kita meyakinkan diri kita bahawa kita tidaklah sejujur, tidak sekejam, tidak sepenting orang lain. Kita menganggap kebenaran pada skala gelongsor dan bukannya skala objektif. Dan kerana seseorang akan sentiasa kelihatan lebih buruk daripada kita, desakan moral akan pudar.

Lewis menyedari betapa mudahnya sikap ini diterapkan dalam kehidupan beragama.

Orang yang tidak akan pernah menuntut kesempurnaan secara senyap bergantung pada jarak. Mereka menilai kehidupan mereka berdasarkan rakan sebaya, budaya, atau keterlaluan dan bukannya berdasarkan kebenaran. Hasilnya adalah hati nurani yang boleh diterima—yang terasa bermoral tanpa perlu menyerah kalah.

Agama Kristian mengganggu keselesaan ini.

Lewis menegaskan bahawa agama Kristian tidak bertanya sama ada kita lebih baik daripada orang lain, tetapi sama ada

kita selaras dengan Tuhan. Piawaiannya bukanlah peningkatan relatif; ia adalah kesucian. Dan kesucian tidak membenarkan perbandingan menggantikan transformasi.
Ini amat meresahkan.
Perbandingan membolehkan kita kekal sebagai hakim. Rahmat menghapuskan peranan itu sepenuhnya. Apabila perbandingan menguasai, kita mengekalkan kawalan ke atas penilaian. Apabila rahmat menguasai, kita terdedah—bukan terhadap orang lain, tetapi terhadap kebenaran itu sendiri. Lewis faham bahawa pendedahan ini terasa tidak adil. Mengapakah seseorang yang secara zahirnya dihormati harus bergantung pada rahmat seperti seseorang yang kelihatan hancur? Mengapakah kesombongan yang senyap harus dilayan dengan serius seperti maksiat yang jelas? Jawapannya, Lewis berpendapat, adalah masalah yang ditangani oleh agama Kristian bukanlah tahap *salah* laku, tetapi *keadaan* diri. Kebaikan relatif menutupi keperluan mutlak.
Ilusi untuk menjadi "cukup baik" melambatkan penyerahan diri kerana ia terasa munasabah. Kita mengakui ketidaksempurnaan tanpa rasa terdesak. Kita menerima pengampunan tanpa transformasi. Kita bercakap tentang rahmat sambil melindungi penilaian diri kita.
Lewis membongkar ilusi ini dengan sabar. Dia tidak menafikan perbezaan moral antara manusia, tetapi dia enggan membenarkan perbezaan tersebut berfungsi sebagai perlindungan. Dakwaan Kristian bukanlah semua dosa kelihatan sama, tetapi semua pemerintahan sendiri menentang Tuhan.
Perbandingan menjaga keutuhan diri .
Sebaliknya, rahmat tidak memberi ruang untuk memuji diri sendiri. Ia tidak memuji kemajuan; ia mengundang kebergantungan. Dan kebergantungan adalah sukar bagi mereka yang telah belajar untuk menilai diri mereka dengan baik.
Inilah sebabnya mengapa *Mere Christianity* kadangkala terasa menusuk dan bukannya menggalakkan. Ia tidak membenarkan pembaca berehat dalam rasa hormat. Ia

mendesak ke arah kesimpulan yang tidak selesa: selagi kita bertanya *"Adakah saya lebih baik daripada orang lain?"* dan bukannya *"Adakah saya tunduk kepada Tuhan?"*, transformasi akan kekal sebahagian.

Lewis tidak cuba menghalang usaha moral. Dia cuba menghilangkan keyakinan palsu. Kekristianan tidak merendahkan semua orang; ia merendahkan semua orang ke dalam—ke arah kejujuran, kerendahan hati, dan keperluan. Ilusi untuk menjadi "cukup baik" hanya akan pudar apabila perbandingan hilang kewibawaannya.

Bab ini tidak mengutuk usaha moral.

Ia mendedahkan keselesaan moral.

Dan ia bertanya sama ada rahmat telah diterima sebagai penyelamatan—atau sekadar sebagai jaminan.

TITIK INFLEKSI

Soalan untuk Pemerhatian Jujur

Biarkan soalan-soalan ini dirungkaikan dengan lembut.

Ia bertujuan untuk menjelaskan postur, bukan prestasi.

1. **Dengan siapa anda secara naluri membandingkan diri anda ketika menilai kehidupan rohani anda?**
   Mengapa orang-orang itu?
2. **Bagaimanakah perbandingan membentuk rasa keperluan anda akan rahmat?**
   Adakah ia meningkatkan rasa mendesak—atau melembutkannya?
3. **Di manakah anda pernah menerima kemaafan tanpa membiarkannya mencabar penilaian diri anda?**
   Duduklah dengan ketegangan itu.
4. **Adakah anda berasa selesa dengan menjadi "tidaklah seteruk itu"?**
   Apakah yang dilindungi oleh keselesaan itu?

5. **Bagaimanakah anda bertindak balas terhadap idea bahawa moral yang diukur melalui perbandingan boleh menentang transformasi?**
   Apakah emosi yang timbul?
6. **Di manakah kebaikan relatif mungkin melambatkan penyerahan diri yang lebih mendalam?**
   Bersikap spesifik.
7. **Jika perbandingan disingkirkan, apakah yang perlu dibincangkan secara langsung oleh rahmat dalam diri anda?**
   Jangan jawab—hanya perhatikan.

Orientasi Lembut untuk Pembaca

Rahmat tidak datang untuk menenangkan diri.
Ia datang untuk menyelamatkannya.
Perbandingan membuatkan kita selesa.
Rahmat membuatkan kita jujur.

BAB SEPULUH

Mengira Kos Diri Baharu

Mengapa Transformasi Memerlukan Kerugian Sebelum Ia Memberi Kehidupan

Apabila **CS Lewis** mendalami implikasi agama Kristian, satu realiti menjadi tidak dapat dielakkan: transformasi bukanlah sesuatu yang bersifat tambahan—ia bersifat subtraktif sebelum ia bersifat pemulihan.

Agama Kristian bukan sekadar memberi kita sesuatu yang baharu.

Ia meminta kita untuk meninggalkan sesuatu yang lama.

Dalam *Mere Christianity* , Lewis jelas: menjadi seorang Kristian bukanlah tentang memperhalusi diri yang sedia ada. Ia adalah tentang membiarkan diri lama—yang tersusun di sekitar autonomi, kawalan, dan pembenaran diri—kehilangan autoritinya.

Di sinilah ramai yang teragak-agak.

Kita sering tertarik kepada janji-janji iman—kedamaian, tujuan, pengampunan, pembaharuan—tanpa mempertimbangkan sepenuhnya kosnya. Kita mahukan transformasi tanpa perpindahan. Kita berharap Kristus akan menguatkan diri dan bukannya menggantikan pemerintahannya. Lewis menegaskan bahawa ini mustahil. Diri tidak boleh kekal berdaulat dan disembuhkan pada masa yang sama.

Ini bukan kerana Tuhan menuntut, tetapi kerana pihak berkuasa yang berpecah belah tidak dapat menghasilkan keutuhan. Kehidupan yang sebahagiannya diperintah oleh Kristus dan sebahagiannya oleh pemerintahan sendiri masih

berkonflik secara dalaman. Transformasi memerlukan koheren, dan koheren memerlukan satu pusat.
Lewis faham betapa mengancamnya perasaan ini .
Menjadi "baharu" kedengaran menarik dalam teori, tetapi dalam praktiknya ia bermakna kehilangan identiti yang biasa. Corak kawalan. Naratif yang diuruskan dengan teliti tentang siapa kita dan mengapa kita berkelakuan seperti yang kita lakukan. Diri lama mungkin cacat, tetapi ia diketahui. Diri baharu memerlukan kepercayaan.
Inilah sebabnya mengapa penyerahan diri terasa mahal.
Agama Kristian tidak berunding dengan ego. Ia tidak menjanjikan untuk memelihara versi pilihan diri kita. Lewis terkenal dengan menyatakan bahawa Kristus tidak datang untuk memperbaiki sifat lama; Dia datang untuk membunuhnya dan memberi kita yang baharu.
Bahasa ini meresahkan pembaca moden yang terbiasa dengan penegasan diri. Kita diajar untuk melindungi identiti dengan apa jua cara. Lewis mencabar andaian itu. Dia mencadangkan bahawa diri yang paling kita lindungi dengan gigih selalunya adalah diri yang menghalang kita daripada kebebasan.
Maka, kehilangan bukanlah sesuatu yang sampingan kepada transformasi.
Ia adalah penting.
Kosnya bukan sekadar tingkah laku. Ia adalah eksistensial. Ia melibatkan melepaskan hak untuk menentukan baik dan jahat untuk diri kita sendiri, hak untuk menentukan hala tuju hidup kita, hak untuk kekal tidak berubah sambil masih merasa dibenarkan.
Lewis tidak meminimumkan kos ini. Dia menyebutnya dengan jelas. Agama Kristian akan campur tangan. Ia akan mengganggu. Ia akan membongkar struktur yang biasa sebelum membina semula apa-apa yang berkekalan.
Namun Lewis juga menegaskan bahawa apa yang hilang bukanlah apa yang sepatutnya kita simpan.
Diri yang lama menjanjikan kawalan tetapi menimbulkan kebimbangan.

Ia menjanjikan autonomi tetapi menghasilkan perpecahan. Ia menjanjikan keselamatan tetapi tidak dapat sembuh.
Apa yang ditawarkan oleh agama Kristian sebagai balasannya bukanlah keselesaan, tetapi kehidupan.
Bukan ekspresi diri, tetapi kendiri yang diatur dengan betul.
Bukan kelangsungan hidup, tetapi transformasi.
Bab ini tidak tergesa-gesa dalam pertukaran.
Ia hanya menjelaskan terma-termanya.
Sebelum diri yang baru dapat muncul, diri yang lama mesti melepaskan cengkamannya.
Dan pembebasan itu akan terasa seperti kehilangan sebelum terasa seperti kebebasan.

TITIK INFLEKSI

Soalan untuk Pemerhatian Jujur

Biarkan persoalan-persoalan ini timbulkan tentangan secara perlahan-lahan.
Ia bertujuan untuk menamakan kos, bukan menyelesaikannya.

1. **Apakah yang anda takutkan akan hilang jika Kristus mengubah sepenuhnya hidup anda?**
   Nyatakannya dengan jujur.
2. **Aspek identiti anda yang manakah paling berkaitan dengan kawalan atau definisi kendiri?**
   Mengapakah aspek tersebut dirasakan penting?
3. **Pernahkah anda menginginkan perubahan sambil menentang gangguan?**
   Apakah yang dikekalkan oleh rintangan itu?
4. **Bagaimanakah anda bertindak balas terhadap idea bahawa transformasi memerlukan diri lama untuk meninggalkan diri?**
   Apakah emosi yang timbul dahulu?

5. **Di manakah anda lebih suka Kristus memperbaiki daripada menggantikan cara hidup anda?**
   Jadilah spesifik.
6. **Apa yang terasa lebih selamat—kekal biasa atau menjadi utuh?**
   Duduklah dengan ketegangan itu.
7. **Jika kehilangan adalah sebahagian daripada jalan menuju kehidupan, apakah yang perlu dilepaskan seterusnya?**
   Jangan bertindak—hanya perasan.

Orientasi Lembut untuk Pembaca
Transformasi bukannya tanpa kesakitan.
Tetapi ia bertujuan.
Apa yang diserahkan tidak akan dimusnahkan—
ia akan dipindahkan untuk memberi ruang kepada kehidupan.

BAB SEBELAS

Risiko Membiarkan Kristus Menyusun Semula Segalanya

Mengapa Kepercayaan Mesti Mendahului Transformasi

Menjelang **CS Lewis** berhadapan dengan implikasi penuh agama Kristian, isunya bukan lagi sama ada transformasi itu perlu atau tidak.

Isunya ialah **sama ada Kristus boleh dipercayai dengannya** .

Dalam *Mere Christianity* , Lewis membuat dakwaan yang terasa munasabah dan menakutkan: jika Kristus adalah Tuhan, maka tiada bahagian kehidupan yang tidak disentuh. Kekristianan tidak menyusun semula satu bilik pada satu masa mengikut keselesaan kita. Ia menuntut seluruh rumah.

Di sinilah kepercayaan menjadi persoalan penentu.

Lewis memahami bahawa penyerahan diri bukan sekadar tentang kehilangan—ia adalah tentang **keyakinan kepada Dia yang kepadanya kuasa diberikan** . Kita menentang penyusunan semula bukan kerana kita sukakan kekacauan, tetapi kerana kita takut salah tempat. Kita bimbang jika Kristus mengambil alih kawalan, sesuatu yang penting akan hilang, dibungkamkan, atau berkurangan.

Jadi kami teragak-agak.

Kita bertanya sama ada kepatuhan akan menghapuskan keperibadian, menyekat keinginan, atau meratakan kegembiraan. Kita takut menjadi kurang diri kita daripada lebih. Lewis berhadapan dengan ketakutan ini secara langsung. Dia menegaskan bahawa Kristus tidak datang untuk memusnahkan keperibadian, tetapi untuk menyelamatkannya. Diri yang paling kita lindungi dengan gigih, hujahnya, selalunya adalah diri yang paling tidak mampu untuk menjadi utuh.

Ini memerlukan perubahan imaginasi yang radikal.

Mempercayai Kristus bermaksud mempercayai bahawa pengaturan semula-Nya adalah lebih bijak daripada pengaturan kita. Ini bermakna membenarkan-Nya menyentuh motif, cita-cita, hubungan, tabiat, dan identiti yang telah kita susun dengan teliti. Ini bermakna mengakui bahawa diri kita tidak mentadbir dirinya sebaik yang diharapkan.

Ini sangat terdedah.

Lewis tahu bahawa tuntutan kepercayaan dalam agama Kristian terasa tidak munasabah kerana ia bersifat menyeluruh. Kepercayaan separa terasa lebih selamat. Ketaatan terkawal terasa boleh diurus. Tetapi agama Kristian tidak menawarkan transformasi terurus. Ia menawarkan pemulihan melalui penyerahan diri.

Di sinilah ramai yang berdiam diri.

Kita bertangguh bukan kerana kita meragui kebaikan Kristus secara teori, tetapi kerana kita tidak pasti kita akan mengenali diri kita sendiri selepas ketaatan. Kita takut bahawa mengalah akan menjadikan kita lebih kecil, lebih tenang, atau kurang bersemangat.

Lewis menegaskan sebaliknya adalah benar.

Paradoks di tengah-tengah agama Kristian adalah bahawa diri tidak hilang melalui penyerahan diri—ia ditemui. Kemahuan yang turun tidak hilang; ia sembuh. Identiti yang mengalah tidak dipadamkan; ia dijelaskan.

Tetapi ini tidak dapat dibuktikan terlebih dahulu.

Kepercayaan sentiasa mendahului pengalaman.

Lewis faham bahawa tiada hujah yang dapat menghapuskan risiko ini. Agama Kristian tidak menawarkan jaminan yang boleh diperiksa terlebih dahulu. Ia meminta keyakinan yang berakar umbi dalam kebenaran dan bukannya kepastian yang berakar umbi dalam kawalan.

Ini adalah ambang terakhir sebelum tindakan.

Bukan sama ada agama Kristian masuk akal.
Bukan sama ada transformasi diperlukan. Tetapi sama ada Kristus cukup dipercayai untuk memimpin.
Bab ini belum menuntut kepercayaan itu lagi.
Ia mempersoalkan sama ada penolakan untuk mempercayai telah menjadi penghalang terakhir.

TITIK INFLEKSI

Soalan untuk Pemerhatian Jujur

Biarkan soalan-soalan ini menyingkap ketakutan dengan lembut.
Ia bertujuan untuk menjelaskan kepercayaan, bukan memaksa keputusan.

1. **Apakah yang anda takutkan bahawa Kristus mungkin akan menyusun semula jika anda mengalah sepenuhnya?**
   Sebutkannya dengan jujur.
2. **Di manakah anda mempercayai Kristus dengan kebenaran tetapi bukan dengan kawalan?**
   Kawasan manakah yang masih dikawal?
3. **Bagaimanakah anda membayangkan kepatuhan mempengaruhi identiti anda?**
   Lebih kecil? Lebih selamat? Berkurang? Berubah?
4. **Apakah pengalaman yang telah mengajar anda untuk mengaitkan kawalan dengan keselamatan?**
   Bagaimanakah pengalaman tersebut mungkin membentuk daya tahan anda?
5. **Adakah anda percaya bahawa Kristus menginginkan keutuhan anda—atau sekadar**

kepatuhan anda?
Mengapakah perbezaan itu penting bagi anda?

6. **Di manakah ketidakpercayaan mungkin menyamar sebagai berhati-hati atau kebijaksanaan?**
   Duduklah dengan kemungkinan itu.
7. **Jika Kristus benar-benar mengenali anda lebih baik daripada anda mengenali diri sendiri, apakah yang mungkin dapat dilakukan dengan penyusunan semula?**
   Jangan jawab—hanya perhatikan.

Orientasi Lembut untuk Pembaca
Kepercayaan tidak boleh diuji dari jauh.
Ia mesti dilaksanakan.
Agama Kristian tidak meminta kepercayaan buta—
tetapi ia meminta keyakinan yang diserahkan.

BAB DUA BELAS

KEHIDUPAN YANG DIBACA OLEH SEMUA

Dari Kepercayaan yang Enggan kepada Ketaatan yang Sukarela oleh Augustine
Apabila Kesediaan Menggantikan Rintangan
Menjelang akhir penentangan **C.S. Lewis** yang berpanjangan terhadap agama Kristian, perjuangan itu telah menyempit kepada satu titik sahaja.
Persoalannya bukan lagi sama ada agama Kristian itu benar.
Ia adalah sama ada Lewis sanggup hidup seolah-olah agama Kristian itu benar.

Inilah saat di mana kepercayaan, setelah melakukan kerja persediaannya, memberi laluan kepada ketaatan. Bukan ketaatan dramatik. Bukan ketaatan heroik. Tetapi ketaatan *yang rela* —persetujuan senyap daripada kehendak untuk meletak jawatan dan membiarkan Kristus memimpin.

Pertobatan Lewis tidak tiba dengan gembar-gembur. Tiada klimaks emosi, tiada pengisytiharan kemenangan secara terbuka. Sebaliknya, dia menggambarkannya sebagai satu penyerahan yang berat hati, satu pengakuan bahawa penentangan tidak lagi dapat dikekalkan dengan jujur. Dia tidak lagi dibantah dalam iman tetapi dilemahkan oleh kebenaran.

Dan kebenaran telah melaksanakan tugasnya.

Kekristianan semata-mata muncul dari perubahan dalaman ini. Ia bukan ditulis oleh seseorang yang menang dengan mudah, tetapi oleh seseorang yang menyerah kalah dengan berhati-hati. Lewis tahu dari pengalaman bahawa kepatuhan tidak boleh tergesa-gesa. Ia tidak boleh dipaksa. Ia mesti timbul daripada pengiktirafan bahawa neutraliti telah tamat tempoh.

Di sinilah kesediaan penting.

Kesediaan bukanlah semangat.

Ia bukanlah kepastian. Ia bukanlah keyakinan terhadap kekuatan sendiri.

Kesediaan adalah pengakuan senyap bahawa meneruskan seperti sebelumnya tidak lagi mungkin.

Lewis sampai ke tahap ini apabila dia menyedari bahawa kepercayaan tanpa ketaatan tidak lagi jujur. Mengagumi Kristus sambil menentang kuasa-Nya adalah sama seperti kekal berpecah belah. Menangguhkan penyerahan diri selama-lamanya adalah sama seperti memilih pemerintahan sendiri secara lalai.

Dan dia mengalah—bukan kerana dia rasa berkuasa, tetapi kerana tentangan telah menjadi tidak dapat dipertahankan.

Ini merupakan perbezaan penting bagi pembaca moden.

Ketaatan tidak bermula apabila ketakutan hilang.

Ia bermula apabila kebenaran menjadi tidak dapat dielakkan.

Lewis tidak melangkah ke dalam iman kerana dia berasa bersedia dalam segala segi. Dia melangkah masuk kerana dia menyedari bahawa nyawa yang selama ini dilindunginya tidak lagi dapat dipertahankan. Kos penentangan berterusan melebihi kos penyerahan diri.

Beginilah rupa kesediaan.

Ia bukanlah ketiadaan keraguan, tetapi pengakhiran penangguhan.

Bukan kepastian hasil, tetapi kejelasan hala tuju. Bukan penguasaan iman, tetapi kesediaan untuk dipimpin.

Bab ini melengkapkan rendaman kerana ia menamakan apa yang telah terbentuk secara senyap sepanjang perjalanan: pergerakan daripada pemerhatian kepada penyertaan, daripada refleksi kepada respons, daripada kepercayaan sebagai konsep kepada kepatuhan sebagai amalan.

Tiada apa yang dituntut daripada anda lagi.

Tiada apa yang telah ditugaskan.

Tetapi sesuatu telah dijelaskan.

Jika agama Kristian itu benar, maka kehidupan tidak boleh kekal tidak berubah.

Jika Kristus adalah Tuhan, maka diri tidak boleh kekal berdaulat. Jika transformasi adalah mungkin, maka penangguhan menjadi satu keputusan.

Bab-bab berikutnya—empat puluh hari latihan yang disengajakan—bukanlah untuk memberi tekanan kepada anda. Bab-bab ini wujud untuk **menemani anda** melalui tindakan perlahan dan biasa yang melaluinya kepatuhan diwujudkan.

Di sinilah kerja itu berakhir.

Di sinilah ia dihayati.

Anda tidak diminta untuk membuat persembahan.

Anda dijemput untuk mengikuti.

TITIK INFLEKSI

Soalan untuk Pemerhatian Jujur

Biarkan persoalan-persoalan ini selesai.
Ia bertujuan untuk menjelaskan kesediaan, bukan memaksa tindakan.

1. **Apakah yang telah berubah dalam diri anda sejak memulakan perjalanan ini?**
   Bukan secara emosi— *dalaman* .
2. **Di manakah rintangan yang telah menjadi lebih lembut, walaupun sedikit?**
   Apa yang tidak lagi terasa dapat dipertahankan seperti sebelumnya?
3. **Apakah maksud berhenti menangguhkan ketaatan dalam satu aspek kehidupan anda?**
   Jangan buat keputusan lagi—hanya perhatikan.
4. **Bagaimanakah anda membezakan antara berhati-hati dan kelewatan?**
   Di manakah kedua-duanya mungkin bertindih?
5. **Versi kepercayaan apakah yang telah anda hilangkan melalui proses ini?**
   Apa yang tidak lagi sesuai?
6. **Jika sikap berkecuali bukan lagi satu pilihan, sikap apakah yang perlu diubah dahulu?**
   Teruskan dengan pendirian itu.
7. **Apakah rupa "ketaatan rela" bagi anda—bukan secara dramatik, tetapi setiap hari?**
   Biarkan persoalan itu kekal terbuka.

Orientasi Lembut untuk Pembaca
Ketaatan tidak bermula dengan keyakinan.
Ia bermula dengan persetujuan.
Perjalanan ke hadapan bukanlah tentang membuktikan kepercayaan.
Ia adalah tentang mengamalkan penjajaran.

PERALIHAN KE PERJALANAN 40 HARI

Apa yang berikut bukanlah kajian tentang idea, tetapi pembentukan kehidupan.
Empat puluh hari akan datang disusun bukan untuk memberitahu anda, tetapi untuk membentuk anda—melalui Kitab Suci, renungan, tindakan, doa, dan pemeriksaan yang jujur. Setiap hari mengundang respons kecil yang konkrit, kerana ketaatan berkembang melalui amalan, bukan niat.
Anda tidak tergesa-gesa di sini.
Anda telah bersedia.
Perjalanan kini beralih daripada **pemahaman** kepada **penjelmaan** .
Dan ia bermula dengan senyap.

Surat-surat Hidup – Siri Renungan 40 Hari - 2 Pembelajaran BERMULA…

>>>>>

CARA MENGGUNAKAN BUKU INI

Untuk Individu dan Kumpulan

Renungan ini bukan direka untuk kelajuan, kelantangan, atau pengumpulan maklumat.
Ia direka untuk **pembentukan** .

1. MENGGUNAKAN BUKU INI SEBAGAI INDIVIDU

Perjalanan ini bertujuan untuk dilalui secara perlahan, penuh perhatian, dan jujur.

A. Ritma Harian (15–30 Minit)

Setiap hari distrukturkan untuk *dimasuki* , bukan diselesaikan.

Aliran yang disyorkan:

1. Baca Perlahan-lahan
Jangan baca sepintas lalu. Baca seolah-olah teks sedang membaca anda.

2. Sertai Senario
Jangan analisisnya. Bayangkan diri anda di dalamnya. Perhatikan permukaan apa—rintangan, pengecaman atau ketidakselesaan.

3. Duduk Dengan Soalan
Soalan-soalan ini tidak direka untuk jawapan yang cepat. Ada yang bertujuan untuk menemani anda sepanjang hari.

4. Latih Tindakan
Setiap hari merangkumi tindakan ketaatan yang kecil. Lakukannya secara senyap. Jangan umumkannya. Biarkan ia membentuk anda.

5. Berdoa Dengan Sederhana
Doa-doa ini sengaja dibuat dengan ringkas. Gunakannya seperti yang tertulis, atau biarkan ia membuka kata-kata anda sendiri di hadapan Tuhan.

B. Postur untuk Kegunaan Individu

Agar buku ini dapat menjalankan tugasnya:

- Baca **satu hari sahaja setiap hari**
- Tahan keinginan untuk melompat ke hadapan
- Jangan cari pengalaman emosi—carilah keselarasan
- Catatkan hanya apa yang perlu; **kepatuhan lebih penting daripada pandangan**

Buku ini paling berkesan apabila dibaca dengan penuh kawalan diri.

C. Bila hendak berhenti seketika

Jika hari tertentu mendedahkan tentangan, keyakinan, atau keletihan:

- Kekal pada hari itu selama 24–48 jam tambahan
- Latih tindakan itu sekali lagi
- Biarkan kebenaran itu terungkap sebelum melangkah ke hadapan

Pembentukan rohani jarang sekali linear.
Jangan tergesa-gesa dengan apa yang Tuhan sedang bentuk.

2. MENGGUNAKAN BUKU INI DALAM PERSEDIAAN KUMPULAN

Buku ini sengaja ditulis untuk berfungsi dalam kumpulan kecil, kalangan pemuridan, kohort kepimpinan dan pasukan pelayanan.

A. Saiz Kumpulan Ideal

- **4–8 orang** adalah optimum
- Kurang daripada 4 had saksi kongsi
- Lebih daripada 10 mengehadkan kejujuran

Ini **ruang formasi** , bukan bilik darjah.

B. Ritma Mingguan yang Disyorkan

Daripada bertemu setiap hari, kumpulan digalakkan untuk bergerak pada kadar mingguan.

Struktur yang dicadangkan:

- Lima hari kebaktian yang diselesaikan secara individu
- Satu mesyuarat kumpulan untuk refleksi dan pertimbangan
- Satu hari rehat atau hari untuk mengejar ketinggalan

Ritma ini membolehkan kepatuhan diamalkan secara tertutup dan diproses secara korporat.

C. Struktur Mesyuarat Kumpulan (60–90 Minit)

1. Pembukaan Kesunyian (5 minit)
Tiada kemas kini. Tiada perbincangan. Biarkan bilik senyap.

2. Refleksi Bersama (30 minit)
Setiap orang hanya menjawab:

- *Apa yang menghalang saya minggu ini?*
- *Apakah yang dimunculkan oleh Tuhan?*

Tiada pembetulan.
Tiada pengajaran.

3. Kitab Suci dan Pembezaan (20 minit)
Bacalah Kitab Suci utama dengan kuat perlahan-lahan. Tanya bersama:

- *Buah apa yang sedang terbentuk?*
- *Penjajaran apakah yang diminta?*

4. Doa dan Perisytiharan (15 minit)
Berdoalah untuk ketaatan, bukan penghiburan. Ucapkan perisytiharan bersama-sama.

D. Perjanjian Kumpulan (Sangat Penting)

Agar buku ini berfungsi dengan baik dalam kumpulan, perkara berikut mesti dipersetujui:

- Tidak saling membetulkan
- Tidak boleh mengajar melainkan dijemput
- Tiada nasihat melainkan diminta
- Dilarang berkongsi di luar kumpulan

- Tiada perbandingan rohani

Ini adalah persekitaran formasi yang dilindungi, bukan forum debat.

3. MENGGUNAKAN BUKU INI UNTUK KEPIMPINAN & PEMURIDAN

Renungan ini amat berkesan untuk:

- Pasukan kepimpinan gereja
- Pelatih Kementerian
- Pemimpin yang baru muncul
- Orang percaya yang matang memasuki tanggungjawab baharu

A. Penekanan Kepimpinan

Pemimpin perlu memberi perhatian khusus kepada:

- Hari-hari yang membincangkan tentang autoriti, kesunyian, ketahanan dan pengekangan diri
- Senario yang mendedahkan kawalan, keterlihatan dan prestasi
- Tindakan yang memerlukan *kepatuhan melalui batasan* , bukan inisiatif

Buku ini membentuk **watak sebelum kapasiti** .

B. Peranan Fasilitator

Jika anda membimbing orang lain melalui perjalanan ini:

- Jangan menguasai perbincangan
- Kerentanan model tanpa perkongsian berlebihan
- Benarkan kesunyian
- Lindungi rentak

Peranan anda bukanlah untuk menjadi pakar, tetapi **penjaga alam sekitar** .

4. APAKAH BUKU INI — DAN BUKANNYA

Buku ini ialah:

- Perjalanan pembentukan
- Alat pemuridan
- Cermin untuk ketaatan
- Sumber pentauliahan

Buku ini bukan:

- Buku teks teologi
- Renungan motivasi
- Program bacaan pantas
- Satu kajian yang didorong oleh personaliti

Ia direka untuk **meninggalkan kesan** , bukan kesan.

5. KATA-KATA AKHIR KEPADA PEMBACA

Sama ada anda membaca buku ini seorang diri atau bersama orang lain, tanggungjawabnya adalah sama:

Anda tidak diminta untuk mengagumi kebenaran.
Anda diminta untuk menjadi **mudah dibaca** .

Baca perlahan-lahan.
Patuh dengan senyap. Hidup dengan jelas.

Dunia sedang membaca.

Dunia sedang membaca.

HARI PERTAMA

Apabila Kebenaran Mula Terserlah

Menyedari Saat Keberkecualian Berakhir

AYAT-AYAT FOKUS UTAMA

- **2 Korintus 3:2–3** — *Kamu sendiri adalah surat kami… yang ditulis bukan dengan dakwat tetapi dengan Roh Allah yang hidup.*
- **Ibrani 4:12** — *Firman Allah hidup dan kuat… ia dapat menilai fikiran dan niat hati.*
- **Yohanes 18:37** — *Setiap orang yang berasal dari kebenaran mendengar suara-Ku.*

Bacaan Kitab Suci (Baca Perlahan-lahan)
Jangan tergesa-gesa membaca ini.
Bacalah seperti sedang disapa, bukannya dimaklumkan.
"Kamulah surat kami, yang tertulis di dalam hati kami, yang dikenal dan dibaca oleh semua orang."
— 2 Korintus 3:2

Renungan Renungan
Setiap perjalanan ketaatan bermula dengan saat apabila kebenaran menjadi peribadi.
Tidak dramatik.
Tidak umum. Tetapi tidak dapat dielakkan.
Sebelum **CS Lewis** bercakap secara terbuka tentang iman, dia mencapai kesedaran peribadi: berkecuali tidak lagi jujur.
Kebenaran telah terlalu dekat untuk diperhatikan dari jauh.
Apa yang dia tahu tidak lagi boleh kekal sebagai teori.

Di sinilah pemuridan bermula—bukan dengan semangat, tetapi dengan pengiktirafan.

Kebanyakan orang menangguhkan ketaatan bukan kerana mereka menolak kebenaran, tetapi kerana mereka berharap ia akan melonggarkan cengkamannya. Kita menganggap akan sentiasa ada masa untuk bertindak balas kemudian, apabila keadaan terasa lebih selamat, lebih jelas, atau lebih mudah. Namun Kitab Suci mendedahkan bahawa kebenaran bukan sekadar memberitahu kita—ia *ditujukan* kepada kita.

Firman Tuhan tidak statik.

Ia hidup. Ia mencari. Ia menamakan niat.

Hari pertama bukan tentang tindakan.

Ia tentang *pengiktirafan* .

Jika anda telah memulakan perjalanan ini, itu kerana sesuatu telah berlaku—sesuatu telah mendesak, mempersoalkan, mengganggu, atau menjemput. Pergolakan ini bukanlah sesuatu yang tidak disengajakan. Ia adalah Roh yang mula menulis.

Anda di sini bukan untuk mengambil kandungan.

Anda di sini untuk dibentuk.

Sebelum ketaatan terbentuk, kejujuran harus berakar umbi.

Pemeriksaan Jantung

Duduklah dengan soalan-soalan ini dengan tenang.

Jangan tergesa-gesa untuk menjawabnya.

1. **Apakah kebenaran yang telah mendesak anda kebelakangan ini yang belum anda jawab?**
2. **Di manakah anda kekal neutral walaupun kejelasan telah pun muncul?**
3. **Apa yang anda rasa Tuhan mungkin minta anda *akui* sebelum Dia meminta anda *bertindak* ?**

Amalan Hari Ini (Kecil tetapi Bermakna)
Amalan hari ini adalah **kesunyian** .
Luangkan **10 minit tanpa gangguan** .
Tiada telefon. Tiada muzik. Tiada jurnal.
Duduklah dengan tenang di hadapan Tuhan dan ucapkan hanya ini—dengan kuat atau senyap:
"Tuhan, aku sedang mendengar."
Jangan terangkan.
Jangan berunding. Jangan rancang lebih awal.
Biarlah kebenaran ditegakkan tanpa sebarang tentangan.

Doa
Bapa,
aku mengakui bahawa Engkau tidak jauh. Firman-Mu hidup, dan ia menyelidiki aku. Aku menyerahkan keperluanku untuk kekal neutral. Ajar aku untuk mendengar sebelum bertindak dan menerima sebelum bertindak balas. Tuliskan kebenaran-Mu ke dalam hidupku sehingga ketaatanku menjadi nyata.
Amin.

Perisytiharan
Sebutkan ini dengan kuat perlahan-lahan:
Aku adalah surat Kristus yang hidup.
Aku tidak menolak kebenaran apabila ia hampir tiba. Aku memilih kejujuran daripada bertangguh dan mendengar daripada berkecuali. Hidupku sedang ditulis oleh Roh Tuhan.

Komitmen terhadap Kepatuhan
Hari ini, saya komited untuk tidak tergesa-gesa.
Saya komited untuk **terus hadir** .
Saya komited untuk membiarkan kebenaran berbicara sebelum saya cuba bertindak balas.

Orientasi Penutup
Jangan teruskan lagi.

Biarlah hari ini berlalu.
Ketaatan bermula dengan perhatian.
Esok, kita akan mengkaji **mengapa penentangan sering bersembunyi di sebalik niat baik** .

HARI KEDUA

Apabila Rintangan Memakai Wajah yang Munasabah

Bagaimana Niat Baik Menangguhkan Ketaatan

AYAT-AYAT FOKUS UTAMA

- **Matius 7:15–20** — *Kamu akan mengenali mereka dari buahnya.*
- **Yakobus 1:22** — *Jadilah pelaku firman dan bukan hanya pendengar saja; sebab jika demikian, kamu menipu diri sendiri.*
- **Lukas 9:57–62** — *Setiap orang yang siap membajak tetapi menoleh ke belakang, tidak layak untuk Kerajaan Allah.*

Bacaan Kitab Suci (Baca Perlahan-lahan)
"Mengapakah kamu berseru kepada-Ku 'Tuhan, Tuhan,' padahal kamu tidak melakukan apa yang Aku katakan?"
— Lukas 6:46
Baca sekali lagi.
Biarkan soalan itu terkeluar tanpa menjawabnya lagi.

Renungan Renungan
Perlawanan jarang sekali mengumumkan dirinya sebagai pemberontakan.
Selalunya, ia menyamar sebagai *kewajaran* .
Sebelum **CS Lewis** secara terbuka menolak agama Kristian, dia menangguhkannya dengan logik, masa, dan keikhlasan.
Dia tidak berkata "tidak" secara terus terang. Dia berkata, *"belum lagi," "tidak seperti ini,"* atau *"tidak sehingga saya faham*

lebih lanjut." Respons ini terasa jujur—dan memang begitu—tetapi ia juga berfungsi sebagai perisai.

Ini adalah salah satu bentuk penipuan diri yang paling halus. Kita menganggap bahawa kerana akal kita kedengaran bernas, ia mestilah tepat. Kita mengelirukan penjelasan dengan ketaatan. Kita tersilap menganggap refleksi sebagai tindak balas. Kitab Suci memberi amaran kepada kita dengan lembut tetapi jelas: mendengar tanpa berbuat boleh menjadi satu bentuk penipuan—bukan kemunafikan yang disengajakan, tetapi kelewatan yang tidak diteliti.

Yesus tidak menegur orang kerana bertanya.

Dia menegur mereka kerana mengelak daripada bergaul.

Hari ke-2 mengajak anda untuk memerhatikan di mana penentangan mungkin telah kedengaran bijak dalam hidup anda. Di mana ketaatan telah ditangguhkan di bawah panji-panji kebijaksanaan. Di mana niat baik telah menggantikan tindakan yang mengalah.

Buah menunjukkan kesetiaan.

Masa mendedahkan kebenaran.

Jika sesuatu telah lama mengganggu hati anda, isunya mungkin bukan lagi kejelasan—ia mungkin persetujuan.

Pemeriksaan Jantung

Duduklah dengan tenang dan jawab soalan-soalan ini.

Biarkan ia menimbulkan corak, bukan jawapan.

1. **Di manakah anda pernah berkata "ya" secara prinsip tetapi "kemudian" dalam praktiknya?**
2. **Apakah alasan yang paling sering anda berikan untuk menangguhkan ketaatan?**
3. **Bagaimanakah anda membezakan antara sifat bertimbang rasa dan sifat mengelak dalam hidup anda sendiri?**

Amalan Hari Ini (Kecil tetapi Jujur)

Amalan hari ini ialah **menamakan** .

Ambil sehelai kertas atau nota di telefon anda.
Tuliskan **satu bahagian** di mana anda merasakan Tuhan telah berfirman—tetapi anda telah menangguhkan respons.
Jangan justifikasikannya.
Jangan jelaskannya. Namakannya sahaja.
Kemudian katakan ini dengan perlahan:
"Tuhan, aku nampak di mana aku telah bertangguh."
Itu sahaja.

Doa

Tuhan Yesus,
aku mengaku bahawa penentangan tidak selalunya kelihatan seperti pemberontakan. Kadang-kadang ia kelihatan seperti kesabaran, kehati-hatian, atau kebijaksanaan. Selidikilah aku dan tunjukkan di mana kelewatan telah menggantikan ketaatan. Ajarlah aku untuk mengenali buah daripada alasan dan keselarasan daripada niat. Aku memilih kejujuran daripada perlindungan diri. Amin.

Perisytiharan

Sebutkan ini dengan kuat:
Aku tidak mengelirukan niat dengan ketaatan.
Aku tidak menyembunyikan rintangan di sebalik akal. Aku sedang belajar untuk mengenali kelewatan dan memilih untuk selaras dengan kebenaran. Hidupku akan membuahkan hasil yang mencerminkan penyerahan diri.

Komitmen terhadap Kepatuhan

Hari ini, saya komited untuk **pengiktirafan yang jujur** . Saya tidak akan menamakan semula kelewatan sebagai kebijaksanaan. Saya akan membiarkan Tuhan mendedahkan apa yang perlu diselaraskan sebelum meminta hala tuju baharu.

Orientasi Penutup
Jangan bertindak berdasarkan apa yang anda namakan lagi.
Hari ini adalah tentang **melihat dengan jelas** , bukan membetulkannya dengan cepat.
Esok, kita akan mengkaji **mengapa kepatuhan sering terasa berisiko walaupun kebenarannya jelas** .

HARI TIGA

Apabila Kepatuhan Terasa Berisiko

Mengapa Kejelasan Tidak Selalu Membawa kepada Tindakan

AYAT-AYAT FOKUS UTAMA

- **Amsal 3:5–6** — *Percayalah kepada Tuhan dengan segenap hatimu…*
- **Matius 14:28–31** — *Petrus berjalan di atas air… dan mula tenggelam.*
- **Ibrani 11:8** — *Oleh sebab iman Abraham taat… tanpa mengetahui ke mana ia pergi.*

Bacaan Kitab Suci (Baca Perlahan-lahan)

"Percayalah kepada Tuhan dengan segenap hatimu,
dan janganlah bersandar kepada pengertianmu sendiri."
— Amsal 3:5
Jeda.
Perhatikan di mana kepercayaan—bukan pengetahuan—ditekankan.

Renungan Renungan

Salah satu aspek ketaatan yang paling disalahertikan ialah: ketaatan jarang sekali terasa *selamat* pada saat ia diperlukan. Sebelum **CS Lewis** menyerah sepenuhnya kepada agama Kristian, dia sudah mengetahui banyak tentang apa yang melibatkan ketaatan. Penentangannya bukanlah berakar umbi dalam kejahilan. Ia berakar umbi dalam *risiko* . Ketaatan mengancam rasa kawalan, kebolehramalan, dan kendirinya. Ini masih benar bagi ramai orang hari ini.

Kita sering menganggap bahawa sebaik sahaja kebenaran jelas, tindakan sepatutnya mudah. Kitab Suci menceritakan kisah yang berbeza. Kejelasan tidak menghilangkan ketakutan. Malah, kejelasan sering menguatkannya—kerana kini kosnya dapat dilihat.

Ketaatan memerlukan kepercayaan pada saat yang tepat apabila hasilnya tidak diketahui.

Petrus tenggelam bukan kerana dia meragui kewujudan Yesus. Dia tenggelam kerana ketakutan mengalihkan perhatiannya.

Abraham tidak taat kerana dia mempunyai peta.

Dia taat kerana dia percaya kepada Tuhan yang memanggilnya.

Hari ke-3 mengajak anda untuk melihat bahawa keraguan bukanlah selalunya pemberontakan—ia selalunya ketakutan akan kehilangan, pendedahan, atau perubahan. Ketaatan meminta kita untuk melangkah ke hadapan sebelum keselamatan dijamin. Ia memerlukan iman bukan sebagai keyakinan terhadap hasil, tetapi sebagai keyakinan terhadap watak Tuhan.

Di sinilah ramai yang berhenti seketika tanpa henti.

Kita menunggu kepastian apabila Tuhan meminta kepercayaan.
Kita menunggu jaminan apabila Tuhan meminta keselarasan.
Kita menunggu kejelasan tentang masa depan apabila Tuhan meminta ketaatan pada masa kini.
Kepatuhan terasa berisiko kerana ia menghilangkan ilusi kawalan.
Namun Kitab Suci secara konsisten mendedahkan bahawa iman bukanlah ketiadaan ketakutan—ia adalah pergerakan *melaluinya* .

Pemeriksaan Jantung
Duduk dengan soalan-soalan ini tanpa tergesa-gesa.

1. **Aspek ketaatan apakah yang paling berisiko bagi anda pada masa ini?**
2. **Apakah akibat yang anda cuba lindungi diri daripadanya?**
3. **Bagaimanakah biasanya anda memberi respons apabila Tuhan meminta pergerakan sebelum kepastian?**

Amalan Hari Ini (Kecil tetapi Berani)
Amalan hari ini adalah **doa yang berorientasikan kepercayaan** .
Cari tempat yang sunyi.
Namakan **satu ketakutan khusus** yang berkaitan dengan kepatuhan.
Kemudian bacalah ayat ini perlahan-lahan, tiga kali:
"Tuhan, aku lebih percaya kepada-Mu daripada akibat yang aku takuti."
Jangan berdebat dengan ketakutan.
Jangan hilangkannya. Letakkan sahaja kepercayaan di sebelahnya.

Doa
Bapa,
Engkau tahu di mana ketaatan terasa berharga bagiku.

Engkau melihat ketakutan di balik keraguanku. Ajarlah aku untuk mempercayai watak-Mu ketika aku tidak dapat meramalkan hasilnya. Aku memilih iman yang terus maju, walaupun ketakutan masih ada. Amin.

Perisytiharan

Sebutkan ini dengan kuat:
Aku tidak menunggu kepastian untuk taat.
Aku percaya kepada Dia yang memanggilku ke hadapan.
Ketakutan tidak menguasai keputusanku. Iman memimpinku langkah demi langkah. Ketaatanku menjadi lebih kuat daripada keraguanku.

Komitmen terhadap Kepatuhan

Hari ini, saya bertekad untuk **mempercayai watak Tuhan** walaupun hasilnya masih tidak jelas. Saya tidak akan mengelirukan ketakutan dengan kebijaksanaan atau kelewatan dengan kebijaksanaan.

Orientasi Penutup

Jangan tergesa-gesa ke hadapan.
Hari ini adalah tentang **menamakan ketakutan** , bukan menaklukinya.
Esok, kita akan meneroka **bagaimana keangkuhan secara halus menentang kepatuhan sambil kelihatan bertanggungjawab** .

HARI KEEMPAT

Apabila Kebanggaan Kedengaran Bertanggungjawab

Bagaimana Pemerintahan Sendiri Menyamar sebagai Kebijaksanaan

AYAT-AYAT FOKUS UTAMA

- **Amsal 16:18** — *Keangkuhan mendahului kebinasaan…*
- **Lukas 18:9–14** — *Orang Farisi dan pemungut cukai.*
- **Roma 12:3** — *Janganlah kamu menganggap dirimu lebih tinggi daripada yang patut…*

Bacaan Kitab Suci (Baca Perlahan-lahan)
"Allah menentang orang yang congkak
, tetapi mengasihani orang yang rendah hati."
— Yakobus 4:6
Baca sekali lagi.
Perhatikan perkataan *menentang* .

Renungan Renungan
Tidak semua kesombongan itu kuat.
Sesetengah kebanggaan kedengaran berhati-hati.
Terukur. Bertanggungjawab.
Sebelum **CS Lewis** menyerah kepada Kristus, salah satu bentuk tentangan terkuat yang dihadapinya bukanlah keangkuhan—tetapi *kepercayaan diri* . Dia percaya bahawa dia bersikap munasabah, bertimbang rasa, dan berdisiplin. Dan dia memang begitu. Tetapi di sebalik sikap itu terdapat andaian yang lebih mendalam: *Saya mampu mengawal diri saya sendiri.*

Ini adalah salah satu penyamaran keangkuhan yang paling meyakinkan.
Kita sering membayangkan keangkuhan sebagai bermegah atau mementingkan diri sendiri. Kitab Suci mendedahkan sesuatu yang lebih halus: keangkuhan adalah desakan bahawa *saya paling tahu cara menguruskan hidup saya* . Ia adalah pemerintahan sendiri yang digambarkan sebagai kematangan. Kawalan yang digambarkan sebagai berhati-hati. Kemerdekaan yang digambarkan sebagai kebijaksanaan.
Lewis menyedari bahawa selagi beliau kekal sebagai pihak berkuasa muktamad, agama Kristian tidak dapat berakar umbi sepenuhnya. Beliau boleh menerima bimbingan moral, menghargai ajaran Kristian, malah mengagumi Kristus—sambil masih mengekalkan kawalan ke atas bagaimana rupa ketaatan itu.
Keangkuhan tidak selalunya menolak Tuhan.
Ia sering berunding dengan-Nya.
Ia bersetuju secara prinsipnya sambil menentang penyerahan diri dalam praktiknya. Ia lebih suka berunding daripada tunduk. Ia menerima bantuan tanpa mengalah kepada autoriti. Dan kerana ia terasa masuk akal, ia sering tidak dicabar.
Yesus membincangkan perkara ini secara langsung dalam perumpamaan-perumpamaan-Nya. Orang Farisi dalam Lukas 18 tidak kelihatan tidak bermoral. Dia kelihatan bertanggungjawab. Tegak. Beragama. Namun, sikapnya tidak memberi ruang untuk rahmat, kerana ia tidak memberi ruang untuk keperluan.
Rahmat tidak akan sampai jika tahap kemandirian masih utuh.
Hari ke-4 mengajak anda untuk memerhatikan di mana ketaatan mungkin ditentang bukan melalui penentangan, tetapi melalui keyakinan diri. Di mana pergantungan pada pertimbangan anda sendiri secara senyap-senyap bersaing dengan kepercayaan pada arahan Tuhan.
Ini bukan tentang mengutuk kecekapan atau tanggungjawab. Ia adalah tentang mengenali bila mereka telah menggantikan kebergantungan.

Keangkuhan jarang sekali menyatakan dirinya sebagai pemberontakan.
Ia berbisik, *"Aku faham."*

Pemeriksaan Jantung
Duduk diam dengan soalan-soalan ini.

1. **Di manakah anda paling bergantung pada pertimbangan anda sendiri daripada pimpinan Tuhan?**
2. **Bagaimanakah anda bertindak balas apabila kepatuhan terasa tidak cekap atau tidak praktikal?**
3. **Apakah yang dimaksudkan dengan kerendahan hati dalam bidang yang anda rasa paling cekap?**

Amalan Hari Ini (Kecil tetapi Mendedahkan)
Amalan hari ini ialah **pelepasan** .
Kenal pasti **satu keputusan, tabiat atau bidang kehidupan** yang anda urus sepenuhnya sendiri.
Bacalah ayat ini perlahan-lahan:
"Tuhan, aku melepaskan keperluanku untuk mengawal ini."
Jangan betulkan.
Jangan perbaiki. Serahkan sahaja ke dalam jagaan Tuhan.

Doa
Bapa,
aku mengaku bahawa kesombongan tidak selalu terasa berdosa. Kadang-kadang ia terasa bijak, berhati-hati, dan kuat. Tunjukkan kepadaku di mana pemerintahan sendiri telah menggantikan kepercayaan. Ajarlah aku kerendahan hati yang menerima rahmat dan ketaatan yang mengalir dari kebergantungan. Aku mundur agar Engkau memimpin.
Amin.

Perisytiharan
Sebutkan ini dengan kuat:

Aku tidak bergantung pada pemahamanku sendiri.
Aku menyerahkan kecekapanku kepada kebijaksanaan Tuhan. Keangkuhan tidak membimbing keputusanku. Rahmat membentuk ketaatanku. Aku memilih kerendahan hati daripada kawalan.

Komitmen terhadap Kepatuhan

Hari ini, saya komited untuk **melepaskan pemerintahan sendiri** .
Saya tidak akan mengelirukan tanggungjawab dengan kebebasan atau kebijaksanaan dengan kawalan. Saya memilih kepercayaan berbanding berdikari.

Orientasi Penutup

Jangan tergesa-gesa untuk membetulkan apa-apa hari ini. Hari ini adalah tentang **mengenali postur** , bukan menghasilkan perubahan.
Esok, kita akan berhadapan dengan **bagaimana kepatuhan separa mewujudkan konflik dalaman**

HARI LIMA

Apabila Ketaatan Bersifat Separa

Mengapa Kesetiaan Berpecah Mewujudkan Konflik Dalaman

AYAT-AYAT FOKUS UTAMA

- **1 Raja-raja 18:21** — *Berapa lama lagi kamu akan bimbang antara dua pendapat?*
- **Lukas 9:23** — *Sesiapa yang ingin menjadi murid-Ku, dia harus menyangkal dirinya…*
- **Roma 7:22–25** — *Aku suka akan hukum Tuhan… tetapi aku melihat hukum lain sedang bekerja di dalam diriku.*

Bacaan Kitab Suci (Baca Perlahan-lahan)
"Tidak seorang pun dapat mengabdi kepada dua tuan."
— Matius 6:24
Jeda.
Jangan jelaskan ayat itu begitu sahaja. Biarkan ia berlalu.

Renungan Renungan
Ketaatan separa terasa wajar.
Ia membolehkan kita berkata ya tanpa menyerahkan segala-galanya. Ia membolehkan kita mengikuti Kristus dengan cara yang kelihatan sambil secara senyap-senyap menyimpan bahagian-bahagian tertentu untuk diri kita sendiri. Dan kerana ketaatan separa selalunya kelihatan ikhlas, ia boleh berterusan selama bertahun-tahun tanpa perlu dikonfrontasi.
Sebelum **CS Lewis** menyerah sepenuhnya kepada Kristus, dia hidup dalam ketegangan ini. Dia mengagumi kebenaran

Kristian, menerima kejelasan moralnya, dan juga mengakui kewibawaannya—namun dia menangguhkan penyerahan diri sepenuhnya. Kehidupannya tidak ditandai dengan pemberontakan terbuka, tetapi dengan kesetiaan yang berpecah belah.

Perpecahan ini mewujudkan ketegangan.

Kitab Suci tidak menggambarkan konflik dalaman sebagai misteri. Ia menamakannya sebagai hasil daripada pihak berkuasa yang bersaing. Apabila Kristus memerintah beberapa kawasan dan diri memerintah yang lain, keamanan tetap sukar difahami. Bukan kerana Tuhan menahannya—tetapi kerana pemerintahan yang berpecah belah tidak dapat mengekalkan keutuhan.

Ketaatan separa meletihkan kita.

Kita memikul beban membuat keputusan sambil cuba mengikut Kristus. Kita menguruskan iman dan bukannya menerima bimbingan. Kita terumbang-ambing antara kepercayaan dan kawalan, kepatuhan dan keraguan. Dan hasilnya selalunya keletihan, kekecewaan, dan rasa tenang bahawa ada sesuatu yang tidak selari.

Tuhan tidak mendedahkan ketegangan ini untuk memalukan kita.

Dia mendedahkannya untuk mengajak kita ke tempat rehat.

Rehat tidak ditemui dalam melakukan lebih sedikit untuk Tuhan, tetapi dalam berserah lebih banyak kepada-Nya.

Lewis akhirnya menyedari bahawa agama Kristian tidak berfungsi di bawah kepimpinan bersama. Kristus tidak merundingkan autoriti; Dia mengambilnya. Keamanan yang dicari Lewis tidak datang melalui pelarasan tambahan, tetapi melalui pelepasan kawalan.

Hari ke-5 mengajak anda untuk memperhatikan di mana ketaatan mungkin tulus tetapi tidak lengkap. Di mana Kristus disambut sebagai Penyelamat tetapi ditentang sebagai Tuhan. Di mana iman telah dibahagikan untuk memelihara keselesaan, kawalan, atau keakraban.

Pengiktirafan ini bukanlah kegagalan.

Ia adalah kemajuan.

Konflik dalaman sering menandakan bahawa penjajaran sudah hampir.

Pemeriksaan Jantung
Duduklah dengan soalan-soalan ini dengan tenang.

1. **Di manakah anda telah menawarkan ketaatan dengan syarat-syarat yang disertakan?**
2. **Apakah bidang kehidupan yang paling sukar untuk menyerah sepenuhnya?**
3. **Bagaimanakah ketaatan separa muncul secara emosi—dalam keletihan, kekecewaan, atau kegelisahan?**

Amalan Hari Ini (Kecil tetapi Menjelaskan)
Amalan hari ini adalah **inventori yang jujur** .
Tuliskan **tiga aspek** kehidupan anda:

- Satu tempat kepatuhan terasa semula jadi
- Satu di mana kepatuhan terasa selektif
- Satu tempat kepatuhan terasa ditentang

Jangan menilai apa yang anda tulis.
Perhatikan sahaja coraknya.
Kemudian katakan dengan perlahan:
"Tuhan, tunjukkan kepadaku di mana kesetiaanku terbahagi."

Doa
Tuhan Yesus,
aku mengaku bahawa aku sering menawarkan ketaatan separa kepada-Mu. Aku telah mengikuti-Mu di tempat yang terasa aman dan menentang-Mu di tempat yang terasa mahal. Dedahkan di mana perpecahan telah menggantikan penyerahan diri. Ajarlah aku kedamaian yang datang dari keutuhan, bukan dari kawalan. Aku memilih penjajaran daripada rundingan. Amin.

Perisytiharan
Sebutkan ini dengan kuat:

Aku tidak melayani tuan yang berpecah belah.
Aku memilih keutuhan daripada kawalan. Ketaatanku tidak berat sebelah atau bersyarat. Kristus adalah Tuhan atas setiap aspek kehidupanku. Aku menerima kedamaian melalui penyerahan diri.

Komitmen terhadap Kepatuhan
Hari ini, saya komited untuk **kesedaran yang jujur** .
Saya tidak akan lagi mengabaikan bidang kesetiaan yang berpecah belah. Saya memilih penjajaran sebagai jalan untuk berehat.

Orientasi Penutup
Biarlah hari ini reda.
Jangan tergesa-gesa untuk membetulkan semuanya sekaligus.
Esok, kita akan meneroka **mengapa ketaatan mesti diamalkan setiap hari—bukannya diputuskan sekali sahaja.**

HARI ENAM

Ketaatan Dipelajari Setiap Hari

Mengapa Penjajaran Diamalkan, Bukan Diputuskan Sekali

AYAT-AYAT FOKUS UTAMA

- **Lukas 9:23** — *Pikullah salibmu setiap hari dan ikutlah Aku.*
- **Ratapan 3:22–23** — *Rahmat-Nya baru setiap pagi.*
- **Filipi 2:12–13** — *Kerjakanlah keselamatanmu... kerana Tuhanlah yang bekerja di dalam kamu.*

Bacaan Kitab Suci (Baca Perlahan-lahan)
"Sesiapa yang ingin menjadi murid-Ku, ia harus menyangkal dirinya, memikul salibnya setiap hari dan mengikut Aku."
— Lukas 9:23
Perhatikan perkataan **harian** .
Jangan menjadikannya kerohanian.

Renungan Renungan
Salah satu salah tanggapan yang senyap tentang kepatuhan adalah kepercayaan bahawa ia boleh diselesaikan sekali dan untuk selama-lamanya.
Kita membayangkan satu saat yang menentukan—satu doa, satu komitmen, satu kejayaan—selepas itu ketaatan menjadi automatik. Tetapi Kitab Suci secara konsisten mempersembahkan ketaatan bukan sebagai satu peristiwa tunggal, tetapi sebagai satu **sikap harian** .
Sebelum **CS Lewis** menjadi suara Kristian awam, penyerahan dirinya berlaku secara beransur-ansur. Penentangannya tidak

runtuh dalam satu tindakan dramatik; ia menjadi longgar melalui pilihan biasa yang berulang untuk selaras dengan kebenaran semasa ia muncul. Ketaatan dipelajari melalui irama, bukan keazaman.

Ini membebaskan secara mendalam.

Jika ketaatan dikekalkan dengan intensiti, kebanyakannya akan gagal dengan cepat. Sebaliknya, Tuhan membentuk ketaatan melalui pengulangan—melalui kembali setiap hari kepada keputusan yang sama: *Siapakah yang bertanggungjawab hari ini?*

Ketaatan harian mengakui sesuatu yang jujur tentang diri kita: kita bangun setiap pagi dengan diri yang masih ingin memerintah.

Ini bukan kegagalan.

Ia adalah realiti.

Kitab Suci tidak meminta kita untuk menyalibkan diri sekali sahaja.

Ia meminta kita untuk memikul salib **setiap hari** .

Hari ke-6 mengajak anda untuk melepaskan tekanan kesempurnaan dan menerima disiplin kehadiran. Ketaatan berkembang bukan melalui usaha berani, tetapi melalui persetujuan berulang kali. Setiap hari menjadi peluang baharu untuk menyusun semula—bukan kerana semalam tidak mencukupi, tetapi kerana hari ini membawa pilihannya sendiri.

Rahmat Tuhan bertemu kita di sana.

Kepatuhan harian tidak menuntut kita untuk berasa komited.

Ia meminta kita untuk sentiasa bersedia.

Ia tidak memerlukan pandangan jauh.

Ia memerlukan kesetiaan pada saat ini.

Beginilah cara transformasi menjadi mampan.

Pemeriksaan Jantung

Duduklah dengan soalan-soalan ini dengan tenang.

1. **Di manakah anda mengharapkan kepatuhan diselesaikan sekali sahaja dan bukannya diamalkan setiap hari?**

2. **Bagaimanakah anda biasanya bertindak balas apabila kejelasan semalam terasa jauh pada hari ini?**
3. **Bagaimana rupanya jika ketaatan dianggap sebagai balasan harian dan bukannya keadaan yang kekal?**

Amalan Hari Ini (Mudah dan Boleh Diulang)

Amalan hari ini adalah **persetujuan harian** .

Pada awal hari anda—atau sekarang—ucapkan ini perlahan-lahan:

"Tuhan, aku memilih untuk bertaubat hari ini."

Jangan tambah syarat.

Jangan unjurkan ke hari esok.

Biarlah ketaatan kekal seperti masa kini.

Doa

Bapa,

terima kasih kerana ketaatan terbentuk dari semasa ke semasa. Bebaskan aku daripada tekanan untuk menyelesaikan semuanya sekaligus. Ajar aku kesetiaan dalam pilihan hari ini dan percayalah kepada rahmat-Mu untuk hari esok. Aku mempersembahkan kepada-Mu hari ini—bukan dengan sempurna, tetapi dengan rela hati. Amin.

Perisytiharan

Sebutkan ini dengan kuat:

Ketaatan terbentuk setiap hari dalam hidupku.

Aku tidak bergantung pada tekad semalam. Aku memilih penyelarasan hari ini. Rahmat Tuhan bertemu denganku dalam pengulangan. Imanku bertumbuh melalui amalan yang setia.

Komitmen terhadap Kepatuhan

Hari ini, aku berkomitmen untuk **mempersembahkan ketaatan** .
Aku tidak akan menuntut kepastian untuk hari esok sebelum mengalah hari ini. Aku memilih penyelarasan harian daripada kesempurnaan yang tertangguh.

Orientasi Penutup
Biarlah hari ini menjadi terang.
Anda sedang mempelajari irama, bukan membuktikan pengabdian.
Esok, kita akan meneroka **mengapa kepatuhan menjadi lebih mendalam melalui pilihan kecil yang tersembunyi dan bukannya pilihan yang kelihatan** .

HARI TUJUH

Kesetiaan di Tempat Tersembunyi

Mengapa Ketaatan Berkembang Di Tempat Tiada Sesiapa Melihatnya

AYAT-AYAT FOKUS UTAMA

- **Matius 6:1–6** — *Bapamu yang melihat yang tersembunyi akan membalasmu.*
- **Lukas 16:10** — *Barangsiapa setia dalam perkara kecil, ia juga setia dalam perkara besar.*
- **Kolose 3:23–24** — *Apa pun juga yang kamu perbuat, perbuatlah dengan segenap hatimu seperti untuk Tuhan.*

Bacaan Kitab Suci (Baca Perlahan-lahan)

"Bapamu yang melihat apa yang dilakukan secara tersembunyi akan membalasmu."
— Matius 6:4
Jeda.
Perhatikan siapa penonton.

Renungan Renungan
Kebanyakan kepatuhan berlaku di tempat yang tidak dapat diukur.
Sebelum **CS Lewis** bercakap secara terbuka tentang agama Kristian, ketaatannya dibentuk dengan cara yang tidak kelihatan. Penyerahannya tidak bermula di platform atau dalam bentuk cetakan. Ia berlaku secara peribadi—pilihan yang tidak dipuji, penyesuaian yang tidak disedari, kesetiaan yang tidak menghasilkan pengiktirafan segera.
Di sinilah ketaatan tumbuh paling kuat.
Kita sering mengaitkan ketaatan dengan tindakan yang kelihatan—iman awam, pendirian moral, keputusan yang berani. Kitab Suci mendedahkan sesuatu yang lebih senyap: Tuhan membentuk watak di tempat tersembunyi. Apa yang kita lakukan apabila tiada siapa yang memerhati membentuk siapa kita apabila semua orang memerhati.
Kepatuhan tersembunyi menguji motif.
Ia bertanya sama ada kita mengikut Kristus untuk pengiktirafan atau untuk penjajaran. Sama ada kita taat untuk ganjaran atau untuk kesetiaan. Sama ada kesetiaan kita bergantung pada penegasan atau kekal teguh dalam kegelapan.
Lewis memahami perkara ini dengan mendalam. Ketaatannya pada awalnya tidak menjadikannya terkenal. Ia menjadikannya setia. Lama sebelum tulisannya mempengaruhi berjuta-juta orang, pilihannya membentuk kehidupan yang tersusun ke arah kebenaran. Buahnya datang kemudian. Pembentukan datang dahulu.
Ini amat mencabar dalam budaya yang memberi ganjaran kepada keterlihatan.

Kita tergoda untuk mengukur kemajuan dengan ketara. Kita menyamakan pertumbuhan dengan penegasan. Namun Yesus secara konsisten mengalihkan perhatian daripada orang ramai dan menuju kepada Bapa yang melihat secara rahsia.
Hari ke-7 mengajak anda untuk membingkai semula ketaatan bukan sebagai prestasi, tetapi sebagai kehadiran.
Ketaatan yang tersembunyi tidak sia-sia.
Ia diberi pemberat.
Ia menyediakan kita untuk memikul tanggungjawab tanpa rasuah, pengaruh tanpa kebanggaan, dan buah tanpa hak.
Kesetiaan secara rahsia membentuk tulang belakang integriti awam.
Jika engkau merasa tidak kelihatan dalam ketaatanmu, engkau tidak ketinggalan.
Engkau sedang dibentuk.

Pemeriksaan Jantung
Duduklah dengan soalan-soalan ini dengan tenang.

1. **Apakah tindakan ketaatan dalam hidup anda yang masih tidak dilihat oleh orang lain?**
2. **Bagaimanakah reaksi anda secara emosi apabila kesetiaan tidak disedari?**
3. **Apakah yang paling mendorong ketaatan anda—penjajaran atau penegasan?**

Amalan Hari Ini (Senyap dan Berniat)
Amalan hari ini adalah **ketaatan rahsia** .
Pilih **satu tindakan kesetiaan kecil** yang tidak diketahui oleh orang lain:

- Doa
- Tindakan menahan diri
- Satu saat kemurahan hati
- Keputusan untuk bercakap dengan baik atau berdiam diri

Lakukannya secara senyap.
Jangan rakamkannya. Jangan sebutkannya.
Biarlah ia antara kamu dan Tuhan.

Doa
Bapa,
Engkau melihat apa yang dilakukan secara rahsia. Ajarlah aku untuk menghargai pandangan-Mu daripada pengakuan. Bentuklah ketaatanku di mana tepukan tangan tidak ada dan kesetiaan harus berdiri sendiri. Aku mempersembahkan kepada-Mu apa yang tidak akan dilihat oleh orang lain. Amin.

Perisytiharan
Sebutkan ini dengan kuat:
Ketaatanku bukanlah sekadar persembahan.
Aku setia di tempat yang tidak dilihat oleh sesiapa pun. Tuhan membentuk watakku di tempat-tempat tersembunyi. Aku hidup untuk keselarasan, bukan tepukan tangan. Kesetiaanku membuahkan hasil pada musimnya.

Komitmen terhadap Kepatuhan
Hari ini, aku berkomitmen untuk **kesetiaan tersembunyi** .
Aku memilih ketaatan tanpa pengiktirafan dan penyelarasan tanpa penegasan.

Orientasi Penutup
Ini melengkapkan **Minggu Pertama** .
Anda tidak diminta untuk melakukan banyak perkara—tetapi banyak yang telah berlaku secara senyap-senyap.
Minggu depan, kita akan meneroka **bagaimana kepatuhan membentuk semula keinginan, bukan sekadar tingkah laku** .

HARI KELAPAN

Apabila Keinginan Mula Berubah

Bagaimana Ketaatan Menyusun Semula Apa yang Kita Sukai

AYAT-AYAT FOKUS UTAMA

- **Mazmur 37:4** — *Bergembiralah kerana Tuhan, maka Ia akan memberikan kepadamu apa yang diinginkan hatimu.*
- **Yehezkiel 36:26** — *Aku akan memberikan kamu hati yang baru dan roh yang baru di dalam batinmu.*
- **Galatia 5:16–17** — *Hiduplah oleh Roh, maka kamu tidak akan menuruti keinginan daging.*

Bacaan Kitab Suci (Baca Perlahan-lahan)
"Aku akan memberikan kamu hati yang baru,
dan roh yang baru di dalam batinmu."
— Yehezkiel 36:26
Perhatikan bahawa Tuhan tidak bermula dengan tingkah laku. Dia bermula dengan **hati** .

Renungan Renungan
Ramai orang menganggap bahawa ketaatan menindas keinginan.
Mereka membayangkan iman sebagai kekangan—melakukan apa yang betul sambil merindui sesuatu yang lain. Kesalahpahaman ini menyebabkan ketaatan terasa berat dan sementara. Namun Kitab Suci mendedahkan kebenaran yang lebih mendalam: ketaatan bukan sekadar mengekang keinginan; ia **membentuknya semula** .
Sebelum **CS Lewis** mengalami kebebasan berkekalan dalam Kristus, dia belajar bahawa transformasi Kristian bukanlah

tentang mengatasi keinginan melalui kemahuan. Ia adalah tentang membiarkan keinginan itu sendiri diatur semula. Apa yang pernah menariknya menjauhi Tuhan mula perlahan-lahan kehilangan kewibawaannya.

Ini tidak berlaku serta-merta.

Keinginan berubah secara beransur-ansur—melalui penjajaran berulang, melalui memilih kepatuhan walaupun keinginan ketinggalan. Lama-kelamaan, apa yang dahulunya terasa mahal mula terasa semula jadi. Apa yang dahulunya memerlukan usaha mula membawa kedamaian.

Ini bukan penindasan.

Ia adalah pembaharuan.

Tuhan tidak meminta kita untuk berpura-pura bahawa keinginan kita berbeza daripada yang sebenarnya. Dia berjanji untuk *menjadikannya berbeza* . Tetapi janji itu terungkap melalui latihan, bukan tekanan. Semasa kita berjalan dalam ketaatan, Roh membentuk semula kasih kita dari dalam ke luar.

Hari ke-8 menjemput anda untuk melihat perubahan halus. Anda mungkin belum menginginkan semua yang Tuhan minta.

Tetapi anda mungkin mula menginginkan *penjajaran itu sendiri* .

Dan di situlah perubahan bermula.

Kematangan Kristian tidak ditandai dengan ketiadaan keinginan, tetapi oleh transformasi keinginan tersebut.

Pemeriksaan Jantung

Duduklah dengan soalan-soalan ini dengan tenang.

1. **Apakah keinginan yang sedang bersaing dengan kepatuhan dalam hidup anda?**
2. **Pernahkah anda perasan sebarang keinginan hilang tarikannya sejak memulakan perjalanan ini?**
3. **Apakah ertinya mempercayai Tuhan untuk membentuk semula keinginan anda, bukan hanya tindakan anda?**

Amalan Hari Ini (Lembut dan Pemerhatian)

Amalan hari ini adalah **memerhatikan keinginan** .
Sepanjang hari, berhenti sejenak sekali atau dua kali dan tanyakan kepada diri sendiri:
"Apa yang saya mahukan sekarang?"
Jangan menghakimi keinginan.
Jangan membetulkannya. Perhatikan sahaja.
Kemudian berdoalah dengan tenang:
"Tuhan, bentuklah apa yang aku cintai."

Doa
Bapa,
Engkau lebih mengetahui keinginanku daripada aku. Aku membawanya kepada-Mu tanpa berpura-pura atau bersembunyi. Bentuklah hatiku dari dalam ke luar. Biarlah ketaatan menjadi sesuatu yang kuinginkan, bukan sekadar sesuatu yang aku lakukan. Aku percayakan kasihku kepada - Mu .
Amin.

Perisytiharan
Sebutkan ini dengan kuat:
Tuhan sedang membentuk semula keinginan saya.
Ketaatan menjadi kegembiraan saya. Saya berjalan oleh Roh, bukan oleh dorongan hati. Hati saya diperbaharui setiap hari. Apa yang saya cintai adalah selaras dengan kebenaran.

Komitmen terhadap Kepatuhan
Hari ini, aku komited untuk **menyedari keinginan secara jujur** .
Aku tidak akan takut akan kerinduanku atau berpura-pura ia tidak wujud. Aku percaya Tuhan akan mengaturnya semula dari semasa ke semasa.

Orientasi Penutup
Jangan ukur hari ini dengan perasaan.
Ukurlah ia dengan **perhatian** .
Keinginan berubah secara senyap.

Esok, kita akan meneroka **mengapa ketaatan menjadi matang melalui kesabaran, bukan desakan** .

HARI SEMBILAN

Kerja Kesabaran yang Tenang

Mengapa Ketaatan Matang dari Masa ke Masa

AYAT-AYAT FOKUS UTAMA

- **Yakobus 1:2–4** — *Biarlah ketekunan itu menghasilkan hasilnya supaya kamu menjadi dewasa dan lengkap.*
- **Galatia 6:9** — *Janganlah kita jemu-jemu berbuat baik…*
- **Mazmur 40:1** — *Aku menantikan Tuhan dengan sabar; Ia berpaling kepadaku dan mendengar seruanku.*

Bacaan Kitab Suci (Baca Perlahan-lahan)
"Biarlah ketekunan itu menghasilkan hasilnya supaya kamu menjadi dewasa dan utuh, dan tak kekurangan suatu apa pun."
— Yakobus 1:4
Perhatikan bahawa kematangan adalah sesuatu **yang dibenarkan** , bukan dipaksa.

Renungan Renungan
Kepatuhan sering goyah bukan kerana ditolak—tetapi kerana ia tergesa-gesa.
Kita mahukan kejelasan dengan cepat. Berubah dengan cepat. Resolusi dengan cepat. Dan apabila kemajuan terasa perlahan, kita menganggap ada sesuatu yang tidak kena. Namun Kitab Suci secara konsisten mendedahkan bahawa Tuhan bekerja **dengan sengaja** , bukan dengan segera. Dia membentuk kematangan dari semasa ke semasa, bukan melalui pecutan.
Sebelum **CS Lewis** menjadi suara Kristian yang dipercayai, kebanyakan pembentukannya berlaku secara senyap, tanpa

sebarang peristiwa penting yang dapat dilihat. Ketaatannya terungkap melalui kesabaran—melalui membiarkan kebenaran melakukan tugasnya dan bukannya menuntut hasil segera.
Ini sukar bagi pembaca moden.
Kita hidup dalam budaya yang mendesak. Kita mengharapkan transformasi yang boleh diukur, pantas, dan mengukuhkan emosi. Tetapi pembentukan rohani menentang kecekapan. Tuhan tidak tergesa-gesa untuk menghasilkan hasil; Dia komited untuk menghasilkan *keutuhan* .
Kesabaran melindungi ketaatan.
Apabila kita tergesa-gesa dalam kepatuhan, kita sering menggantikan aktiviti dengan penyelarasan. Kita melakukan lebih banyak daripada menghasilkan lebih banyak. Kita mengejar momentum dan bukannya kematangan. Lama-kelamaan, ini membawa kepada keletihan dan bukannya buah.
Kitab Suci mengajak sikap yang berbeza: ketekunan yang membolehkan pekerjaan Tuhan selesai.
Ini tidak bermaksud pasif.
Ia bermaksud *kehadiran yang setia* .
Kesabaran dalam ketaatan mengajar kita untuk tetap selaras walaupun hasilnya tidak kelihatan. Ia melatih kita untuk mempercayai masa Tuhan dan bukannya memanipulasi hasilnya. Ia memperdalam akar agar buah pada masa hadapan dapat dikekalkan.
Hari ke-9 mengajak anda untuk melepaskan tekanan untuk "berjalan lebih jauh". Pertumbuhan sedang berlaku walaupun ia terasa tidak dapat dilihat. Kepatuhan matang bukan melalui keamatan, tetapi melalui konsistensi.
Penantian tidak sia-sia apabila Tuhan sedang bekerja.

Pemeriksaan Jantung
Duduklah dengan soalan-soalan ini dengan tenang.

1. **Di manakah anda merasakan tekanan untuk maju lebih pantas daripada yang anda alami?**
2. **Bagaimanakah anda bertindak balas apabila kepatuhan terasa berulang-ulang atau perlahan?**

3. **Apakah yang mungkin dilindungi oleh kesabaran dalam pembentukan rohani anda sekarang?**

Amalan Hari Ini (Perlahan dan Sengaja)
Amalan hari ini adalah **kesetiaan yang tidak tergesa-gesa** .
Pilih **satu tindakan ketaatan biasa** yang telah anda praktikkan—doa, kebaikan, pengendalian diri, kejujuran.
Lakukan hari ini **tanpa cuba memperbaikinya** .
Lakukan sahaja dengan setia.
Kemudian berdoalah:
"Tuhan, aku percaya pada waktu-Mu."

Doa
Bapa,
ajarlah aku untuk menghargai kesetiaan daripada kepantasan. Bebaskan aku daripada tekanan untuk mempercepatkan pekerjaan-Mu. Bantulah aku tetap teguh ketika pertumbuhan terasa perlahan dan sabar ketika hasilnya tidak kelihatan. Aku percaya kepada -Mu untuk menyelesaikan apa yang telah Engkau mulai.
Amin.

Perisytiharan
Sebutkan ini dengan kuat:
Aku tidak tergesa-gesa dalam pekerjaan Tuhan dalam hidupku.
Ketaatan menjadi matang melalui kesabaran. Aku tetap setia dalam hal-hal biasa. Tuhan menyelesaikan pekerjaan-Nya pada waktu-Nya. Aku bertumbuh dengan stabil, berakar umbi, dan utuh.

Komitmen terhadap Kepatuhan
Hari ini, saya komited untuk **penjajaran pesakit** .
Saya tidak akan mengukur kemajuan dengan kepantasan atau menilai pertumbuhan dengan keterlihatan. Saya percaya Tuhan akan menyelesaikan pekerjaan-Nya dalam diri saya.

Orientasi Penutup
Biar hari ini perlahan.
Kematangan tumbuh secara senyap.
Esok, kita akan mengkaji **bagaimana ketaatan membentuk semula tindak balas kita terhadap godaan—bukan dengan mengelak, tetapi dengan pembentukan** .
.

HARI SEPULUH

Apabila Godaan Mendedahkan Pembentukan

Mengapa Kepatuhan Mengubah Cara Kita Bertindak Balas, Bukan Sekadar Apa yang Kita Tolak

AYAT-AYAT FOKUS UTAMA

- **1 Korintus 10:13** — *Allah setia dan Ia tidak akan membiarkan kamu dicobai melebihi kekuatanmu.*
- **Yakobus 1:13–15** — *Setiap orang dicobai apabila ia diseret oleh keinginannya sendiri…*
- **Galatia 5:24–25** — *Mereka yang menjadi milik Kristus Yesus telah menyalibkan daging…*

Bacaan Kitab Suci (Baca Perlahan-lahan)
"Tiap-tiap orang dicobai apabila ia diseret dan dipikat oleh keinginannya sendiri."
— Yakobus 1:14
Perhatikan di mana godaan bermula.
Bukan di luar—tetapi di dalam.

Renungan Renungan
Godaan sering disalahertikan.
Kita menganggapnya sebagai ancaman luaran—sesuatu yang perlu dielakkan, ditekan, atau dilepaskan. Kitab Suci membentangkan kebenaran yang lebih mendalam: godaan mendedahkan apa yang masih terbentuk di dalam diri kita. Ia mendedahkan keinginan, tabiat, dan refleks yang secara beransur-ansur dibentuk semula oleh kepatuhan.

Sebelum **CS Lewis** belajar untuk bercakap dengan jelas tentang transformasi Kristian, beliau mempelajari perkara ini secara peribadi. Godaan tidak hilang selepas kepercayaan; ia mengubah watak apabila ketaatan semakin mendalam. Apa yang dahulunya terasa terlalu kuat perlahan-lahan kehilangan kewibawaannya—bukan sahaja melalui pengelakan, tetapi melalui keinginan yang diubah suai.

Ini penting.

Kemenangan mengatasi godaan bukanlah terutamanya tentang kemahuan yang lebih kuat. Ia adalah tentang kemahuan yang diubah. Apabila ketaatan matang, godaan dihadapi bukan dengan panik, tetapi dengan kejelasan. Tarikan itu menjadi lemah kerana hati sedang dialihkan.

Godaan tidak bermakna kegagalan.

Ia bermakna pembentukan masih dalam proses.

Kitab Suci tidak memalukan kita kerana tergoda. Ia mengajak kita untuk meneliti apa yang diungkapkan oleh godaan. Di mana keinginan masih belum terbentuk, godaan terasa mendesak. Di mana keinginan dibentuk semula, godaan terasa terdedah.

Hari ke-10 mengajak anda untuk berhenti menganggap godaan sebagai satu kecemasan dan mula melihatnya sebagai maklumat.

Apa yang anda goda mendedahkan apa yang masih bersaing untuk kesetiaan. Dan kesedaran itu bukanlah kecaman—ia adalah panduan. Tuhan menggunakan godaan untuk menunjukkan kepada kita di mana ketaatan masih berakar umbi.

Pembingkaian semula ini mengubah segala-galanya.

Daripada takut akan godaan, kita belajar daripadanya.

Daripada menyembunyikannya, kita memeriksanya. Daripada melawan secara membuta tuli, kita menyelaraskan diri dengan sengaja.

Ketaatan tidak menjadikan kita kebal.

Ia menjadikan kita penuh perhatian.

Pemeriksaan Jantung

Duduklah dengan soalan-soalan ini dengan tenang.

1. **Apakah corak godaan yang paling kerap berulang dalam hidup anda?**
2. **Apakah keinginan yang diungkapkan oleh godaan-godaan itu?**
3. **Bagaimanakah tindak balas anda terhadap godaan telah berubah—jika ada—sejak memulakan perjalanan ini?**

Amalan Hari Ini (Reflektif dan Pembumian)

Amalan hari ini **dikaji tindak balas** .

Apabila anda perasan godaan hari ini—kecil atau besar—berhenti sejenak dan tanya:

"Apakah ini yang mendedahkan tentang apa yang masih saya inginkan?"

Kemudian berdoalah dengan tenang:

"Tuhan, teruslah membentuk semula hatiku."

Jangan malu diri sendiri.

Jangan tergesa-gesa. Belajarlah sahaja.

Doa

Bapa,

terima kasih kerana godaan tidak membatalkan kelayakanku. Ajarlah aku untuk melihatnya sebagai cermin, bukan keputusan. Singkapkan apa yang masih bersaing untuk kesetiaanku, dan teruslah membentuk semula keinginanku melalui ketaatan. Aku percaya kepada kesetiaan-Mu dalam setiap ujian. Amin.

Perisytiharan

Sebutkan ini dengan kuat:

Godaan tidak menentukan diri saya.

Tuhan sedang membentuk hati saya melalui ketaatan. Saya berjalan oleh Roh, bukan oleh dorongan hati. Keinginan saya dibentuk semula oleh kebenaran. Saya bertumbuh dalam kejelasan dan kebebasan setiap hari.

Komitmen terhadap Kepatuhan
Hari ini, aku berkomitmen untuk **ketaatan yang penuh perhatian** .
Aku tidak akan takut akan godaan atau bersembunyi dari apa yang diungkapkannya. Aku membiarkan Tuhan menggunakan setiap saat untuk terus membentuk hatiku.

Orientasi Penutup
Awak tak ketinggalan.
Anda sedang dibentuk.
Esok, kita akan meneroka **bagaimana ketaatan menjadi lebih kukuh melalui komuniti dan bukannya pengasingan.**

HARI SEBELAS

Ketaatan Berkembang dalam Komuniti

Mengapa Pembentukan Tidak Pernah Dimaksudkan untuk Menjadi Persendirian

AYAT-AYAT FOKUS UTAMA

- **Ibrani 10:24–25** — *Marilah kita pertimbangkan bagaimana untuk saling mendorong dalam kasih dan dalam pekerjaan yang baik.*
- **Pengkhutbah 4:9–12** — *Berdua lebih baik daripada seorang diri… tali tiga utas tidak cepat putus.*
- **Amsal 27:17** — *Seperti besi menajamkan besi, begitulah orang menajamkan sesamanya.*

Bacaan Kitab Suci (Baca Perlahan-lahan)
"Marilah kita saling mempertimbangkan untuk mendorong dalam kasih dan dalam pekerjaan yang baik."
— Ibrani 10:24
Perhatikan perkataan **mempertimbangkan** .
Komuniti memerlukan niat.

Renungan Renungan
Salah satu mitos senyap dalam kepercayaan moden ialah idea bahawa ketaatan boleh dikekalkan sendirian.
Kami menghargai privasi. Kemerdekaan. Kerohanian peribadi. Walaupun ini boleh menjadi anugerah, ia mudah menjadi liabiliti apabila ia mengasingkan kita daripada pembetulan, galakan, dan pertimbangan bersama. Kitab Suci

tidak pernah memaparkan ketaatan sebagai usaha solo. Pembentukan, secara reka bentuk, adalah bersifat komunal. Sebelum **CS Lewis** dikenali kerana tulisan awamnya, ketaatannya diasah dalam persahabatan. Perbualan, perselisihan faham, akauntabiliti, dan usaha bersama untuk mencapai kebenaran membentuk imannya. Lewis tidak mencapai kematangan seorang diri; dia dibentuk antara lain yang mencabar, mempersoalkan, dan berjalan bersamanya. Komuniti mendedahkan titik buta.

Jika dibiarkan, kita mewajarkan kelewatan. Kita menormalkan kepatuhan separa. Kita mengelirukan keikhlasan dengan penjajaran. Komuniti mengganggu corak ini—bukan melalui penghakiman, tetapi melalui kehadiran. Orang lain melihat apa yang kita tidak dapat lihat. Mereka menamakan apa yang kita elakkan. Mereka mengingatkan kita tentang kebenaran apabila keazaman kita lemah.

Ini tidak bermaksud perkongsian berterusan atau kerentanan yang dipaksakan. Ia bermaksud *hala tuju yang dikongsi* . Berjalan ke arah pusat yang sama. Membenarkan kehidupan kita cukup dikenali untuk dibentuk.

Hari ke-11 mengajak anda untuk mempertimbangkan semula bagaimana ketaatan berfungsi dalam hidup anda.

Jika iman terasing, ia sering menjadi rapuh.

Jika ketaatan dikongsi, ia menjadi berdaya tahan.

Komuniti tidak menggantikan tanggungjawab peribadi.

Ia menguatkannya.

Tuhan menggunakan orang lain untuk meneguhkan langkah kita, membetulkan kesesatan kita, dan mengingatkan kita bahawa ketaatan bukan sekadar pencapaian individu—ia adalah kesaksian bersama.

Pemeriksaan Jantung

Duduklah dengan soalan-soalan ini dengan tenang.

1. **Di manakah anda cenderung untuk mengasingkan kepercayaan anda daripada orang lain?**

2. **Bagaimanakah anda biasanya bertindak balas terhadap pembetulan atau cabaran?**
3. **Siapakah yang cukup mengetahui tentang hidup anda untuk menggalakkan ketaatan anda dengan jujur?**

Amalan Hari Ini (Relasional dan Niat)

Amalan hari ini adalah **hubungan yang disengajakan** .
Hubungi **seorang yang dipercayai** —seorang rakan, mentor atau rakan seiman.
Anda tidak perlu menjelaskan semuanya.
Cukup sebutkan sesuatu seperti:
"Saya lebih bersungguh-sungguh dalam menyelaraskan hidup saya. Tolong doakan saya."
Biarlah ketaatan *dilihat* , walaupun sebentar.

Doa

Bapa,
Engkau tidak merancang aku untuk berjalan sendirian. Ajar aku untuk menerima kekuatan melalui komuniti dan kerendahan hati melalui usaha bersama mencari kebenaran. Bantu aku menerima galakan dan pembetulan sebagai hadiah yang melindungi ketaatanku. Aku memilih hubungan daripada pengasingan. Amin.

Perisytiharan

Sebutkan ini dengan kuat:
Aku tidak dibentuk bersendirian.
Tuhan menguatkan ketaatanku melalui komuniti. Aku mengalu-alukan galakan dan pembetulan. Imanku bertumbuh berdaya tahan melalui usaha bersama untuk mencapai kebenaran. Aku berjalan selaras dengan orang lain.

Komitmen terhadap Kepatuhan

Hari ini, saya komited untuk **ketaatan bersama** .
Saya tidak akan mengasingkan apa yang Tuhan sedang

bentuk. Saya memilih hubungan sebagai perlindungan untuk penjajaran.

Orientasi Penutup
Biar hari ini mengingatkan anda:
ketaatan bukanlah pencapaian peribadi.
Esok, kita akan meneroka **bagaimana ketaatan membentuk semula cara kita menangani kegagalan dan kelemahan** .

HARI KEDUA BELAS

Apabila Ketaatan Bertemu Kelemahan

Bagaimana Kegagalan Menjadi Tempat Pembentukan

AYAT-AYAT FOKUS UTAMA

- **2 Korintus 12:9-10** — *Cukuplah kasih karunia-Ku bagimu, sebab justru dalam kelemahanlah kuasa-Ku menjadi sempurna.*
- **Mazmur 51:16–17** — *Hati yang patah dan remuk, ya Tuhan, tidak akan Kaupandang hina.*
- **Amsal 24:16** — *Orang benar jatuh tujuh kali, namun ia bangun kembali.*

Bacaan Kitab Suci (Baca Perlahan-lahan)

"Cukuplah kasih karunia-Ku bagimu,
sebab kuasa-Ku menjadi sempurna dalam kelemahan."
— 2 Korintus 12:9
Berhenti sejenak.
Perhatikan bahawa rahmat bertemu dengan kelemahan—bukan kekuatan.

Renungan Renungan
Salah satu salah faham yang paling berbahaya tentang kepatuhan ialah kepercayaan bahawa kegagalan menghalang kita daripada berbuat demikian.
Ramai orang percaya menganggap bahawa ketaatan mesti berterusan untuk menjadi tulen. Apabila kelemahan timbul—apabila keazaman goyah, apabila godaan menang, apabila penjajaran tergelincir—kita berundur kerana malu. Kita mentafsirkan kegagalan sebagai bukti bahawa pembentukan telah berhenti.
Kitab Suci menceritakan kisah yang berbeza.
Sebelum menjadi suara Kristian yang dipercayai, **CS Lewis** belajar bahawa kelemahan tidak menamatkan ketaatan—ia mendedahkan di mana rahmat masih membentuknya.
Kekristianan, seperti yang difahami oleh Lewis, tidak bergantung pada ketekalan kita tetapi pada kesetiaan Tuhan.
Ketaatan tidak ditopang oleh kekuatan sahaja; ia ditopang dengan *kembali* .
Kegagalan mendedahkan apa yang masih belum sembuh.
Ia menunjukkan kepada kita di mana sifat berdikari masih berfungsi, di mana kerendahan hati masih diperlukan, di mana rahmat belum diterima sepenuhnya. Tuhan tidak menggunakan kegagalan untuk menghukum kita. Dia menggunakannya untuk mengundang kebergantungan yang lebih mendalam.
Inilah sebabnya Kitab Suci berbicara dengan begitu jujur tentang kejatuhan.
Orang benar jatuh—bukan sekali, tetapi berulang kali. Apa yang membezakan mereka bukanlah kesempurnaan, tetapi

tindak balas. Mereka bangkit semula kerana rahmat memulihkan apa yang akan ditinggalkan oleh kesombongan. Hari ke-12 mengajak anda untuk membingkai semula kelemahan.

Kelemahan bukanlah bukti bahawa ketaatan itu mustahil.

Ia adalah bukti bahawa ketaatan mesti dikekalkan oleh rahmat.

Apabila kita menyembunyikan kegagalan, kepatuhan menjadi pelaksanaan.

Apabila kita mendedahkan kegagalan, kepatuhan menjadi jujur.

Lewis faham bahawa agama Kristian tidak menghasilkan orang yang sempurna. Ia menghasilkan orang yang bertaubat. Orang yang tidak mempertahankan kelemahan mereka, tetapi menyerahkannya. Orang yang tidak berpura-pura kuat, tetapi belajar bergantung pada rahmat.

Beginilah cara ketaatan menjadi lebih mendalam.

Bukan dengan menghindari kelemahan,

tetapi dengan menghadapinya dengan rendah hati.

Pemeriksaan Jantung

Duduklah dengan soalan-soalan ini dengan tenang.

1. **Bagaimanakah anda biasanya bertindak balas apabila anda gagal?**
   Dengan rasa malu, penafian, keazaman—atau balasan?
2. **Apakah kelemahan dalam hidup anda yang paling mengecewakan sekarang?**
3. **Bagaimanakah Tuhan mungkin mengajak anda untuk lebih bergantung pada rahmat dan bukannya usaha?**

Amalan Hari Ini (Memulihkan dan Jujur)

Latihan hari ini adalah **pulang** .

Kenal pasti **satu kegagalan atau kelemahan baru-baru ini** —kecil atau ketara.

Bawalah kepada Tuhan dengan jelas.
Tiada penjelasan. Tiada pembelaan.
Berdoalah sahaja:
"Tuhan, aku kembali kepada-Mu di sini."
Kemudian berehat.

Doa
Bapa,
aku membawa kelemahanku kepada-Mu tanpa bersembunyi. Aku melepaskan keperluan untuk kelihatan kuat dan menerima rahmat-Mu yang mencukupi. Ajarlah aku untuk kembali dengan cepat dan percaya bahawa Engkau sedang membentuk aku walaupun di tempat aku merasa paling rapuh. Aku bergantung kepada-Mu. Amin.

Perisytiharan
Sebutkan ini dengan kuat:
Rahmat Tuhan menemui aku dalam kelemahan.
Kegagalan tidak menghalang aku daripada ketaatan. Aku kembali dengan cepat dan jujur kepada Tuhan. Hidupku dibentuk melalui rahmat, bukan kesempurnaan. Aku bangkit semula dengan kekuatan Tuhan.

Komitmen terhadap Kepatuhan
Hari ini, aku berkomitmen untuk **ketaatan yang penuh rahmat** .
Aku tidak akan menyembunyikan kelemahanku atau meninggalkan keselarasan ketika aku jatuh. Aku memilih kerendahan hati, kembali, dan percaya.
Orientasi Penutup
Awak belum selesai.
Anda sedang dibentuk.
Esok, kita akan meneroka **bagaimana ketaatan membentuk semula identiti kita—bukan sebagai orang yang berjaya, tetapi sebagai anak lelaki dan perempuan** .

HARI TIGA BELAS

Dari Pencapaian kepada Identiti

Mengapa Ketaatan Berasal Dari Diri Anda Sendiri

AYAT-AYAT FOKUS UTAMA

- **Roma 8:15–16** — *Kamu telah menerima Roh yang menjadikan kamu anak...*
- **Yohanes 1:12–13** — *Kepada semua orang yang menerima-Nya... Dia memberikan kuasa untuk menjadi anak-anak Allah.*
- **Galatia 4:6–7** — *Oleh kerana kamu adalah anak-anak, Allah telah mengutus Roh Anak-Nya ke dalam hati kita...*

Bacaan Kitab Suci (Baca Perlahan-lahan)
"Kamu tidak menerima roh yang membuat kamu menjadi hamba yang takut lagi,
tetapi kamu telah menerima Roh yang menjadikan kamu anak-anak Allah."
— Roma 8:15
Perhatikan apa yang *tidak* berakar umbi dalam ketaatan: ketakutan.

Renungan Renungan
Salah satu penyelewengan ketaatan yang paling meletihkan adalah apabila ia didorong oleh pencapaian dan bukannya identiti.
Apabila ketaatan didorong oleh pencapaian, kita berusaha untuk mendapatkan persetujuan. Kita taat untuk membuktikan keikhlasan, untuk mengesahkan iman, atau untuk menyembunyikan rasa tidak selamat. Ketaatan jenis ini

rapuh. Ia bergantung pada prestasi dan runtuh akibat kegagalan.

Kitab Suci mengemukakan asas yang berbeza.

Kepatuhan paling semula jadi mengalir dari **rasa kekitaan** .

Sebelum **CS Lewis** mengartikulasikan doktrin Kristian dengan jelas, beliau terpaksa melupakan andaian yang telah berakar umbi: bahawa iman adalah sesuatu yang perlu diperoleh melalui kebenaran atau usaha. Beliau mendapati bahawa agama Kristian tidak merekrut mereka yang berjaya—ia mengambil anak angkat.

Ini mengubah segalanya.

Anak-anak tidak patuh untuk menjadi keluarga.

Mereka patuh kerana mereka sudah menjadi sebahagian daripada keluarga.

Apabila identiti mendahului ketaatan, sikap itu berubah. Kita tidak lagi taat untuk mendapatkan penerimaan Tuhan; kita taat kerana kita hidup di dalamnya. Ketakutan melonggarkan cengkamannya. Prestasi kehilangan kuasanya. Ketaatan menjadi tindak balas dan bukannya keperluan.

Ini tidak menjadikan ketaatan sebagai pilihan.

Ia menjadikannya bersifat relasional.

Hari ke-13 mengajak anda untuk meneliti apa yang telah mendorong kepatuhan anda.

Jika ketaatan terasa berat, mungkin kerana ia telah didorong oleh usaha sendiri dan bukannya menjadi anak. Jika kegagalan menghasilkan rasa malu dan bukannya balasan, identiti mungkin masih berlabuh dalam prestasi.

Tuhan tidak mendorong ketaatan melalui ancaman.

Dia membentuknya melalui kasih.

Apabila identiti telah ditetapkan, kepatuhan menjadi lebih bebas. Kita tidak lagi cuba untuk mendapatkan tempat—kita sedang belajar bagaimana untuk hidup daripadanya.

Pemeriksaan Jantung

Duduklah dengan soalan-soalan ini dengan tenang.

1. **Apakah yang paling kerap mendorong ketaatan anda—ketakutan, kewajipan, rasa syukur, atau rasa tergolong?**
2. **Bagaimanakah anda bertindak balas secara dalaman apabila anda gagal—adakah anda mempersoalkan nilai atau pulangan anda sebagai seorang kanak-kanak?**
3. **Apakah yang akan berubah jika kepatuhan mengalir daripada identiti dan bukannya prestasi?**

Amalan Hari Ini (Pembentukan Identiti)
Amalan hari ini ialah **menerima** .
Cari masa yang tenang dan ucapkan ini dengan kuat perlahan-lahan:
"Aku milik Tuhan."
Ulanginya tiga kali.
Biarkan ia mendap lebih dalam setiap kali.
Jangan tambah penjelasan.
Terima sahaja.

Doa
Bapa,
terima kasih kerana Engkau tidak memanggil aku untuk mendapatkan kasih-Mu. Terima kasih kerana aku milik-Mu. Sembuhkan tempat-tempat di mana aku telah taat kerana takut atau melakukan sesuatu. Ajarlah aku ketaatan yang mengalir dari identiti—aman, dikasihi, dan bebas. Aku menerima tempatku sebagai anak-Mu. Amin.

Perisytiharan
Sebutkan ini dengan kuat:
Aku anak Tuhan.
Ketaatan datang daripada rasa kekitaan, bukan ketakutan. Aku tidak berusaha untuk mendapatkan persetujuan—aku hidup daripadanya. Identitiku terjamin dalam Kristus. Aku taat sebagai orang yang dikasihi.

Komitmen terhadap Kepatuhan
Hari ini, saya komited kepada **ketaatan yang berasaskan identiti** .
Saya melepaskan iman yang didorong oleh prestasi dan menerima tempat saya sebagai anak Tuhan. Saya memilih untuk hidup dan taat daripada rasa kekitaan.

Orientasi Penutup
Biarlah hari ini menjadi lembut.
Identiti menetap secara perlahan,
tetapi setelah menetap, ia akan mengekalkan kepatuhan secara mendalam.
Esok, kita akan meneroka **bagaimana ketaatan membentuk semula pemahaman kita tentang kebebasan—bukan sebagai kemerdekaan, tetapi sebagai penjajaran** .

HARI KEEMPAT BELAS

Kebebasan Melalui Penjajaran

Mengapa Ketaatan Tidak Mengehadkan Anda

AYAT-AYAT FOKUS UTAMA

- **Yohanes 8:31–36** — *Kebenaran itu akan memerdekakan kamu.*
- **Roma 6:16–18** — *Kamu telah dimerdekakan daripada dosa dan telah menjadi hamba kebenaran.*
- **Mazmur 119:45** — *Aku akan berjalan dalam kebebasan, sebab aku telah mencari titah-titah-Mu.*

Bacaan Kitab Suci (Baca Perlahan-lahan)
"Jika Anak itu memerdekakan kamu, kamu pun benar-benar merdeka."
— Yohanes 8:36
Jeda.
Perhatikan **siapa** yang mentakrifkan kebebasan.

Renungan Renungan
Budaya moden sering mendefinisikan kebebasan sebagai **hala tuju kendiri** .
Kita diberitahu bahawa bebas adalah tidak bertanggungjawab kepada sesiapa pun, mengikuti keinginan kita tanpa gangguan, dan kekal bebas daripada pihak berkuasa. Namun Kitab Suci menawarkan visi yang sangat berbeza. Kebebasan tidak ditemui dalam kemerdekaan—ia ditemui dalam **penjajaran** .
Sebelum **CS Lewis** memeluk agama Kristian sepenuhnya, salah satu ketakutan terbesarnya ialah kepatuhan akan menyekatnya. Dia menganggap penyerahan diri akan

menyempitkan hidupnya, mengehadkan kegembiraannya, dan mengekang identitinya. Apa yang ditemuinya sebaliknya adalah sebaliknya: pemerintahan sendiri tidak membebaskannya—ia telah memecahbelahkannya. Ketidaksejajaran yang tidak betul sentiasa menghasilkan ketegangan.

Kehidupan yang terputus dari pusatnya yang sebenar mesti bekerja lebih keras untuk mengekalkan dirinya. Keinginan menarik ke arah yang bersaing. Pilihan mewujudkan konflik. Kemerdekaan menjanjikan kebebasan tetapi membawa kegelisahan.

Yesus mendedahkan ilusi ini secara langsung. Kebebasan, Dia mengajar, bukan datang daripada menyingkirkan kuasa, tetapi daripada tunduk kepada yang benar. Kebenaran tidak mengurung kita—ia membebaskan kita daripada apa yang memperhambakan kita.

Hari ke-14 mengajak anda untuk meneliti apa erti kebebasan dalam hidup anda.

Jika kepatuhan terasa menyekat, mungkin kerana penjajaran masih belum dipercayai. Jika kebebasan terasa membebaskan, mungkin kerana kosnya belum dikira.

Kebebasan bukanlah ketiadaan batasan.

Ia adalah kehadiran tujuan.

Apabila ketaatan menyelaraskan kita dengan reka bentuk Tuhan, rintangan akan pudar. Pilihan menjadi lebih jelas. Keinginan menjadi stabil. Kedamaian muncul—bukan kerana usaha telah berhenti, tetapi kerana kehidupan akhirnya diatur berdasarkan apa yang benar.

Inilah kebebasan yang dijanjikan oleh Kitab Suci.

Bukan kebebasan untuk melakukan apa-apa,

tetapi kebebasan untuk menjadi diri sendiri yang telah diciptakan.

Pemeriksaan Jantung

Duduklah dengan soalan-soalan ini dengan tenang.

1. **Bagaimanakah anda biasanya mentakrifkan kebebasan dalam hidup anda?**

2. **Di manakah kemerdekaan membawa kegelisahan dan bukannya keamanan?**
3. **Apakah yang mungkin dilakukan oleh penyelarasan dengan kebenaran Tuhan yang tidak dapat dilakukan oleh arahan kendiri?**

Amalan Hari Ini (Membingkai Semula Kebebasan)
Amalan hari ini adalah **pentakrifan semula** .
Pilih **satu bidang** di mana kepatuhan terasa menyekat.
Doakan ini perlahan-lahan:
"Tuhan, tunjukkan kepadaku bagaimana keselarasan di sini membawa kepada kebebasan."
Jangan berdebat dengan penentang.
Mintalah penglihatan sahaja.

Doa
Bapa,
aku mengaku bahawa aku sering menyamakan kebebasan dengan kawalan. Ajar aku untuk mengenali kebebasan sebagai keselarasan dengan kebenaran. Bebaskan aku daripada tekanan pemerintahan sendiri dan pimpin aku ke dalam kedamaian ketaatan. Aku percaya kepada rancangan-Mu untuk hidupku. Amin.

Perisytiharan
Sebutkan ini dengan kuat:
Kebebasan ditemui selaras dengan Tuhan.
Ketaatan tidak menyekat saya—ia memulihkan saya. Saya berjalan dalam kebenaran, bukan kemerdekaan. Hidup saya diatur berdasarkan apa yang nyata. Saya sememangnya bebas.

Komitmen terhadap Kepatuhan
Hari ini, saya komited untuk **mempercayai definisi kebebasan Tuhan** .
Saya melepaskan ilusi bahawa kemerdekaan membawa kehidupan dan memilih penjajaran sebagai jalan menuju kedamaian.

Orientasi Penutup
Biarlah hari ini menetapkan semula andaian.
Kebebasan tidak hilang dalam ketaatan.
Ia ditemui di sana.
Esok, kita akan meneroka **bagaimana ketaatan membentuk semula hubungan kita dengan masa, kesabaran, dan penantian** .

HARI LIMA BELAS

Mempelajari Rentak Tuhan

Mengapa Ketaatan Membentuk Semula Cara Kita Menunggu

AYAT-AYAT FOKUS UTAMA

- **Pengkhutbah 3:1** — *Untuk segala sesuatu ada masanya...*
- **Yesaya 40:31** — *Orang yang menantikan Tuhan akan mendapat kekuatan baru.*
- **Mazmur 27:14** — *Nantikan Tuhan; kuatkanlah hatimu, dan biarlah hatimu teguh.*

Bacaan Kitab Suci (Baca Perlahan-lahan)
"Orang yang menantikan Tuhan akan mendapat kekuatan baru."
— Yesaya 40:31
Jeda.
Perhatikan bahawa menunggu bukanlah sesuatu yang pasif—ia adalah bersifat relasional.

Renungan Renungan
Salah satu penyesuaian paling sukar yang diperlukan oleh kepatuhan ialah perubahan dalam **rentak** .
Kita sudah biasa dengan keadaan mendesak. Kita menyamakan kesetiaan dengan kepantasan dan menganggap bahawa kepatuhan harus menghasilkan hasil yang dapat dilihat dengan cepat. Apabila kemajuan terasa perlahan, kita menjadi resah. Apabila jawapan tertangguh, kita mempersoalkan keselarasan.
Kitab suci membentangkan ritma yang berbeza.

Sebelum **CS Lewis** membuahkan hasil yang berkekalan melalui penulisan dan kesaksiannya, kebanyakan ketaatannya terungkap secara perlahan—melalui menunggu, sabar, dan persediaan yang tidak kelihatan. Pembentukannya tidak mengikut kesegeraan; ia mengikut *masa* .

Menunggu dalam Kitab Suci bukanlah tidak aktif.

Ia adalah **kepercayaan yang penuh perhatian** .

Menantikan Tuhan bukanlah menghentikan kehidupan—iaitu kekal selaras sementara Tuhan bekerja di luar jangkauan kita.

Menantikan mengajar kita untuk melepaskan kawalan ke atas hasil dan mempercayai tujuan Tuhan walaupun kejelasan terungkap secara beransur-ansur.

Ini mencabar kami secara mendalam.

Kita mahukan ketaatan untuk mempercepatkan kemajuan.

Tuhan menggunakan ketaatan untuk **menstabilkan** kita.

Hari ke-15 mengajak anda untuk mempertimbangkan semula ketidaksabaran—bukan sebagai sifat keperibadian, tetapi sebagai sikap rohani. Di mana ketidaksabaran menguasai, kepercayaan sering tegang. Di mana kesabaran berkembang, ketaatan menjadi matang.

Menunggu mendedahkan apa yang paling kita harapkan.

Jika kita bergantung pada hasil, menunggu akan mengecewakan kita.

Jika kita bergantung pada Tuhan, menunggu akan menguatkan kita.

Ketaatan membentuk semula masa dengan mengajar kita untuk tetap setia tanpa menuntut tindakan segera. Ia membentuk daya tahan—keyakinan senyap bahawa pekerjaan Tuhan tidak memerlukan tekanan kita untuk menjadi berkesan.

Di sinilah kekuatan diperbaharui.

Bukan melalui kelajuan,

tetapi melalui penjajaran yang stabil.

Pemeriksaan Jantung

Duduklah dengan soalan-soalan ini dengan tenang.

1. **Di manakah anda rasa paling tidak sabar dalam kehidupan rohani anda sekarang?**
2. **Bagaimanakah biasanya anda bertindak balas apabila masa Tuhan berbeza daripada jangkaan anda?**
3. **Apakah yang mungkin Tuhan bentuk dalam diri anda melalui penantian yang tidak dapat dihasilkan oleh kelajuan?**

Amalan Hari Ini (Penjajaran Pesakit)

Amalan hari ini adalah **amanah yang tidak tergesa-gesa** .
Pilih **satu bidang** di mana anda rasa tergoda untuk mempercepatkan kemajuan.
Doakan ini perlahan-lahan:
"Tuhan, aku percaya pada waktu-Mu di sini."
Jangan ulangi isu itu hari ini.
Biarkan ia berlalu.

Doa

Bapa,
ajarlah aku untuk menunggu tanpa berundur dan untuk percaya tanpa mengawal. Perbaharuilah kekuatanku agar aku tetap selaras dengan-Mu. Bebaskan aku daripada keadaan mendesak yang menegangkan imanku dan bentuklah kesabaran yang memperdalam ketaatan. Aku berehat dalam waktu-Mu. Amin.

Perisytiharan

Sebutkan ini dengan kuat:
Aku percaya pada pengaturan waktu Tuhan dalam hidupku. Menunggu tidak melemahkan ketaatanku—ia menguatkannya. Aku tetap selaras tanpa tergesa-gesa dalam

mencapai hasil. Tuhan bekerja di luar apa yang dapat kulihat. Kekuatanku diperbaharui ketika aku menantikan Tuhan.

Komitmen terhadap Kepatuhan
Hari ini, saya komited untuk **ketaatan yang sabar** .
Saya melepaskan keperluan untuk mempercepatkan pekerjaan Tuhan dan memilih penjajaran yang mantap daripada kesegeraan.

Orientasi Penutup
Biarlah hari ini memperlahankan anda.
Menunggu bukanlah bertangguh.
Ia adalah pembentukan.
Esok, kita akan meneroka **bagaimana ketaatan membentuk semula cara kita mengendalikan kuasa, pengaruh dan tanggungjawab** .

HARI KEENAMBELAS

Kuasa Disusun Semula oleh Ketaatan

Mengapa Pengaruh Dibentuk Sebelum Ia Diamanahkan

AYAT-AYAT FOKUS UTAMA

- **Lukas 22:25–27** — *Orang yang terbesar di antara kamu hendaklah menjadi seperti yang paling muda...*
- **Matius 20:26–28** — *Barangsiapa ingin menjadi besar di antara kamu, hendaklah ia menjadi pelayanmu.*
- **1 Petrus 5:2–3** — *Janganlah kamu memerintah orang yang dipercayakan kepadamu, tetapi jadilah teladan...*

Bacaan Kitab Suci (Baca Perlahan-lahan)
"Aku ada di antara kamu sebagai pelayan."
— Lukas 22:27
Perhatikan bagaimana Yesus mentakrifkan autoriti.

Renungan Renungan
Beberapa perkara menguji kepatuhan seperti **pengaruh** .
Kuasa menguatkan apa yang sudah ada di hati. Jika ketaatan tidak membentuk semula motif kita, pengaruh akan mendedahkannya. Kitab Suci secara konsisten mendedahkan bahawa Tuhan tidak terlebih dahulu bertanya *apa* yang boleh kita lakukan—Dia membentuk *siapa* kita sebelum mempercayakan tanggungjawab.
Sebelum **CS Lewis** membawa pengaruh awam, ketaatannya telah diubah suai berdasarkan kerendahan hati. Apabila pengiktirafan datang, ia tidak mendefinisikannya kerana ketaatan telah menjadikannya kukuh. Kewibawaannya mengalir daripada khidmat, bukan kepentingan diri.
Ini adalah budaya balas.
Kita sering mengejar pengaruh sebagai pengesahan. Kita menganggap tanggungjawab mengesahkan kematangan. Namun Kitab Suci membalikkan susunan itu: kematangan mendahului tanggungjawab. Ketaatan membentuk semula pemahaman kita tentang kuasa dengan mengajar kita untuk memegangnya dengan ringan dan mengurusnya dengan setia.
Kuasa tanpa ketaatan menjadi kawalan.
Kuasa yang dibentuk oleh ketaatan menjadi penjagaan.
Hari ke-16 mengajak anda untuk meneliti bagaimana anda berkaitan dengan pengaruh—sama ada besar atau kecil.
Kepimpinan dalam Kitab Suci bukan tentang kedudukan; ia tentang postur. Autoriti bukan tentang diperhatikan; ia tentang menjadi boleh dipercayai.
Kepatuhan melatih kita untuk memimpin tanpa menggenggam, melayani tanpa melaksanakan tugas, dan memikul tanggungjawab tanpa hak. Ia menghilangkan keperluan untuk dilihat dan menggantikannya dengan keinginan untuk setia.

Beginilah cara Tuhan melindungi kita dan mereka yang kita layani.

Pemeriksaan Jantung

Duduklah dengan soalan-soalan ini dengan tenang.

1. **Bagaimanakah anda biasanya bertindak balas terhadap tanggungjawab atau pengaruh?**
2. **Apakah motif yang timbul apabila anda diberi kuasa—kawalan, ketakutan, khidmat, atau kerendahan hati?**
3. **Di manakah Tuhan mungkin membentuk watak anda sebelum mengembangkan pengaruh anda?**

Amalan Hari Ini (Penjajaran Hamba)

Amalan hari ini adalah **khidmat senyap** .
Pilih **satu tanggungjawab** yang anda pikul—di tempat kerja, rumah, gereja, atau komuniti.
Penuhinya hari ini **tanpa menegaskan kawalan atau mencari pengiktirafan** .
Hidangkan dengan penuh perhatian.
Lepaskan keperluan untuk diperhatikan.

Doa

Bapa,
ajarlah aku untuk memikul tanggungjawab dengan rendah hati. Bentuklah hatiku sebelum meluaskan pengaruhku. Lindungilah aku daripada menggunakan kuasa untuk mengawal dan bentuklah aku untuk melayani dengan setia. Aku percaya kepada -Mu untuk mempercayakan apa yang sedia aku urus.
Amin.

Perisytiharan

Sebutkan ini dengan kuat:

Tuhan membentuk watak saya sebelum pengaruh saya.
Saya memimpin melalui pelayanan, bukan kawalan. Ketaatan membentuk semula cara saya memikul tanggungjawab. Saya mengurus autoriti dengan rendah hati dan berhati-hati. Saya melayani seperti Kristus melayani.

Komitmen terhadap Kepatuhan
Hari ini, saya komited kepada **pengawasan yang patuh** .
Saya melepaskan keperluan untuk pengiktirafan dan memilih kesetiaan dalam tanggungjawab.

Orientasi Penutup
Biarlah hari ini meneguhkanmu.
Pengaruh akan tumbuh dengan paling selamat
apabila ketaatan memimpin.
Esok, kita akan meneroka **bagaimana ketaatan membentuk semula hubungan kita dengan kebenaran—bukan sebagai maklumat, tetapi sebagai pembentukan** .

HARI TUJUH BELAS

Apabila Kebenaran Menuntut Ketaatan

Mengapa Mengetahui Tidak Sama Seperti Dibentuk

AYAT-AYAT FOKUS UTAMA

- **Yohanes 17:17** — *Kuduskanlah mereka dalam kebenaran; firman-Mu adalah kebenaran.*
- **Yakobus 1:22–25** — *Janganlah hanya mendengar firman itu, lalu menipu diri sendiri.*
- **2 Timotius 3:16–17** — *Segala Kitab Suci diilhamkan oleh Allah dan bermanfaat...*

Bacaan Kitab Suci (Baca Perlahan-lahan)
"Janganlah hanya mendengar firman itu, lalu menipu diri sendiri. Lakukanlah apa yang dikatakannya."
— Yakobus 1:22
Berhenti sejenak.
Perhatikan bahawa penipuan diri bukan datang daripada kejahilan—tetapi daripada jarak antara mengetahui dan melakukan.

Renungan Renungan
Salah satu halangan yang paling halus terhadap kepatuhan adalah **kebiasaan dengan kebenaran** .
Kita hidup di zaman yang penuh dengan maklumat. Khutbah boleh diakses. Kitab Suci boleh dicari. Wawasan melimpah ruah. Namun Kitab Suci memberi amaran bahawa mengetahui kebenaran tanpa ketaatan boleh memperdaya kita

untuk berfikir bahawa pembentukan pemikiran sedang berlaku sedangkan sebenarnya tidak.

Kebenaran, dalam Kitab Suci, tidak pernah neutral.

Ia sama ada membentuk kita—atau mendedahkan kita.

Sebelum **CS Lewis** dikenali kerana menjelaskan agama Kristian dengan jelas, beliau bergelut dengan godaan yang berbahaya: untuk menganggap kebenaran sebagai sesuatu yang perlu dianalisis dan bukannya sesuatu yang perlu dipatuhi. Ketelitian intelektualnya boleh menjadi tempat perlindungan daripada penyerahan diri. Sebaliknya, kebenaran berhadapan dengannya.

Inilah sebabnya mengapa agama Kristian Semata-mata masih meresahkan.

Ia tidak membenarkan pembaca untuk kekal sebagai pemerhati. Ia menegaskan bahawa kebenaran membuat tuntutan ke atas kehendak, bukan hanya minda. Lewis memahami bahawa agama Kristian tidak meminta kita untuk *bersetuju* —ia meminta kita untuk *mengalah* .

Kita sering menganggap bahawa kebenaran akan mengubah kita secara automatik setelah difahami. Kitab Suci tidak bersetuju. Transformasi memerlukan tindak balas. Kebenaran mesti disambut, diamalkan, dan dijelmakan untuk melaksanakan tugasnya.

Hari ke-17 mengajak anda untuk meneliti bagaimana kebenaran berfungsi dalam hidup anda.

Di mana kebenaran dikagumi tetapi tidak diamalkan, pembentukan akan terhenti.

Di mana kebenaran dipatuhi, walaupun secara tidak sempurna, pembentukan akan menjadi lebih mendalam.

Ketaatan bukanlah tambahan kepada kebenaran.

Ia adalah destinasi kebenaran yang dimaksudkan.

Tuhan tidak mendedahkan kebenaran untuk menarik perhatian kita.

Dia mendedahkannya untuk membentuk semula kita.

Pemeriksaan Jantung

Duduklah dengan soalan-soalan ini dengan tenang.

1. **Di manakah kebenaran telah menjadi kebiasaan tetapi tidak membentuk hidup anda?**
2. **Apakah kebenaran yang anda fahami dengan jelas tetapi sukar untuk mematuhinya secara konsisten?**
3. **Bagaimanakah kepatuhan dapat memperdalam hubungan anda dengan kebenaran dan bukannya mengehadkannya?**

Amalan Hari Ini (Kebenaran dalam Tindakan)
Amalan hari ini adalah **kebenaran yang diwujudkan** .
Kenal pasti **satu kebenaran** yang anda sudah ketahui dengan baik—tentang pengampunan, kerendahan hati, kesabaran, kejujuran, atau kasih.
Amalkannya **sekali hari ini secara konkrit** .
Biarkan kebenaran bergerak dari konsep ke tindakan.

Doa
Bapa,
bebaskan aku daripada mengetahui kebenaran tanpa menjalaninya. Biarlah Firman-Mu membentuk pilihanku, bukan sekadar fikiranku. Ajar aku untuk menerima kebenaran sebagai kuasa yang membentuk, bukan sekadar idea untuk dikagumi. Aku menyerahkan diriku kepada apa yang Engkau nyatakan. Amin.

Perisytiharan
Sebutkan ini dengan kuat:
Kebenaran Tuhan membentuk hidupku.
Aku bukan sekadar mendengar—aku taat. Kebenaran membentuk semula tindakan dan keinginanku. Aku menyerahkan kehendakku kepada apa yang diwahyukan. Aku sedang dikuduskan oleh kebenaran.

Komitmen terhadap Kepatuhan
Hari ini, aku berkomitmen untuk **ketaatan yang berbentuk kebenaran** .

Aku tidak akan memisahkan pemahaman daripada tindakan.
Aku memilih untuk menjalani apa yang aku tahu.

Orientasi Penutup

Kebenaran tidak lengkap sehingga ia dihayati.
Esok, kita akan meneroka **bagaimana ketaatan membentuk semula hubungan kita dengan penderitaan—bukan sebagai hukuman, tetapi sebagai penyertaan** .

HARI KE-LAPAN BELAS

Apabila Ketaatan Bertemu Penderitaan

Mengapa Kesakitan Boleh Menjadi Tempat Penyertaan

AYAT-AYAT FOKUS UTAMA

- **1 Petrus 4:12–13** — *Bersukacitalah, sejauh kamu turut serta dalam penderitaan Kristus...*
- **Roma 8:17–18** — *Kita mengambil bahagian dalam penderitaan-Nya supaya kita juga dapat mengambil bahagian dalam kemuliaan-Nya.*
- **2 Korintus 4:16–17** — *Kesusahan yang ringan dan sementara ini menghasilkan bagi kami kemuliaan abadi...*

Bacaan Kitab Suci (Baca Perlahan-lahan)
"Janganlah kamu terkejut akan ujian yang dahsyat yang datang kepadamu."
— 1 Petrus 4:12
Perhatikan perkataan **penyertaan** , bukan hukuman.

Renungan Renungan
Tidak banyak perkara yang mengganggu ketaatan seperti penderitaan.
Apabila kesakitan memasuki hidup kita, kita secara naluri bertanya *mengapa* . Kita mencari penjelasan, punca, atau kesilapan. Kita menganggap penderitaan mesti bermaksud ada sesuatu yang tidak kena—sama ada dengan kita atau dengan Tuhan. Kitab Suci menawarkan kebenaran yang lebih serius dan memberi harapan: penderitaan tidak selalunya merupakan

jalan memutar daripada ketaatan; kadangkala ia adalah **medan** yang mesti dilalui oleh ketaatan.
Sebelum **CS Lewis** bercakap secara terbuka tentang penderitaan Kristian, dia telah menghayatinya. Dia tidak meromantikkan kesakitan atau meminimumkan kosnya. Lewis mengakui penderitaan sebagai salah satu cabaran terdalam terhadap kepercayaan—namun, dia melihatnya sebagai tempat di mana ketaatan menjadi sangat nyata.
Penderitaan menunjukkan apa yang menjadi asas ketaatan.
Jika ketaatan bersifat transaksional, penderitaan terasa tidak adil.
Jika ketaatan bersifat relasional, penderitaan menjadi tempat kepercayaan.
Kitab Suci tidak menjanjikan pengecualian daripada kesakitan. Ia menjanjikan kehadiran di dalamnya. Mengambil bahagian dalam penderitaan Kristus bukanlah mencari kesakitan, tetapi tetap selaras dengan Tuhan walaupun ketaatan membawa kepada kehilangan, salah faham, atau ketahanan.
Ini membingkai semula penderitaan sepenuhnya.
Penderitaan bukanlah bukti pengabaian.
Ia selalunya bukti kedekatan.
Hari ke-18 mengajak anda untuk mempertimbangkan bagaimana anda bertindak balas apabila ketaatan menjadi sesuatu yang merugikan. Adakah anda berundur? Adakah anda berunding? Atau adakah anda kekal hadir, mempercayai bahawa Tuhan sedang bekerja walaupun di tempat yang tidak jelas?
Penderitaan melucutkan ilusi daripada kepatuhan. Ia menghapuskan prestasi dan mendedahkan motif. Apa yang tinggal hanyalah sama ada kebencian—atau penyerahan diri. Kristus memilih ketaatan walaupun untuk menderita, bukan kerana kesakitan itu baik, tetapi kerana kasih sayang itu lebih besar. Dan dalam mengikuti-Nya, kita dijemput ke dalam sikap yang sama—bukan sebagai mangsa, tetapi sebagai peserta.

Pemeriksaan Jantung

Duduklah dengan soalan-soalan ini dengan tenang.

1. **Bagaimanakah anda biasanya mentafsirkan penderitaan dalam kehidupan rohani anda?**
2. **Di manakah kesakitan telah mencabar kepercayaan atau ketaatan anda baru-baru ini?**
3. **Apakah maksudnya untuk kekal selaras dengan Tuhan walaupun tanpa jawapan?**

Amalan Hari Ini (Kehadiran dalam Kesakitan)
Amalan hari ini adalah **kekal hadir** .
Kenal pasti **satu bahagian ketidakselesaan, kesedihan, atau kesukaran** yang biasanya anda elakkan atau lewati dengan segera.
Jangan selesaikannya hari ini.
Jangan jadikannya sebagai sesuatu yang bersifat rohani.
Berdoalah sahaja:
"Tuhan, aku tetap bersama-Mu di sini."
Kekal hadir untuk beberapa saat yang tenang.

Doa
Bapa,
aku tidak memahami semua penderitaanku, tetapi aku percaya bahawa Engkau hadir di dalamnya. Ajarlah aku ketaatan yang tidak akan berundur ketika rasa sakit muncul. Bantulah aku tetap selaras dengan-Mu walaupun kejelasan tertangguh. Aku berkongsi kelemahanku dengan-Mu. Amin.

Perisytiharan
Sebutkan ini dengan kuat:
Penderitaan tidak memisahkan saya daripada Tuhan.
Saya tetap sehaluan walaupun dalam kesusahan. Ketaatan tetap teguh meskipun dalam kesakitan. Saya mengambil bahagian dalam kehidupan Kristus dan mempercayai pekerjaan-Nya. Tuhan hadir bersama saya di sini.

Komitmen terhadap Kepatuhan
Hari ini, aku berkomitmen untuk **ketaatan yang tetap ada** . Aku tidak akan meninggalkan keselarasan ketika penderitaan mencabar pemahamanku. Aku percaya kehadiran Tuhan di setiap musim.

Orientasi Penutup
Jangan tergesa-gesa melepasi hari ini.
Penderitaan membentuk kedalaman
yang tidak dapat dicapai oleh keselesaan.
Esok, kita akan meneroka **bagaimana ketaatan membentuk semula pemahaman kita tentang harapan—bukan sebagai optimisme, tetapi sebagai daya tahan** .

HARI KESEMBILAN BELAS

Harapan Yang Bertahan

Mengapa Harapan Kristian Lebih Kuat Daripada Optimisme

AYAT-AYAT FOKUS UTAMA

- **Roma 5:3–5** — *Penderitaan menghasilkan ketekunan; ketekunan menghasilkan tabiat; dan tabiat menghasilkan pengharapan.*
- **Ibrani 6:19** — *Harapan ini kita miliki sebagai sauh bagi jiwa, teguh dan aman.*
- **Ratapan 3:31–33** — *Walaupun Dia mendatangkan kesedihan, Dia akan menunjukkan belas kasihan...*

Bacaan Kitab Suci (Baca Perlahan-lahan)
"Pengharapan ini kita miliki sebagai sauh bagi jiwa, teguh dan aman."
— Ibrani 6:19
Perhatikan apa yang dilakukan oleh harapan.
Ia berlabuh—ia tidak terapung.

Renungan Renungan
Harapan sering disalahertikan.
Kita mengelirukan harapan dengan positif, dengan mengharapkan keadaan bertambah baik, dengan mempercayai bahawa keadaan akan diselesaikan dengan baik. Kitab Suci menawarkan visi yang lebih berdaya tahan. Harapan Kristian tidak terikat dengan hasil—ia berlabuh pada **kesetiaan Tuhan** , tanpa mengira hasilnya.
Perbezaan ini amat penting.

Optimisme naik turun mengikut keadaan.
Harapan kekal apabila keadaan tidak berubah.
Sebelum **CS Lewis** menulis tentang harapan dengan jelas, dia telah mempelajari kosnya. Lewis tidak menafikan penderitaan atau meremehkan kesedihan. Dia menolak jaminan yang dangkal. Sebaliknya, apa yang dia percayai ialah harapan yang bukan berakar pada keselesaan, tetapi pada kebenaran—harapan yang dapat menahan kekecewaan tanpa runtuh.
Harapan, dalam Kitab Suci, ditempa.
Ia terbentuk melalui ketabahan.
Ia diperkuat melalui daya tahan. Ia matang melalui penantian.
Hari ke-19 mengajak anda untuk meneliti apa yang menjadi sandaran harapan anda.
Jika harapan bergantung pada kelegaan, ia akan goyah.
Jika harapan bergantung pada sifat Tuhan, ia akan kekal.
Ini tidak bermakna berpura-pura kesakitan tidak wujud.
Harapan Alkitabiah memandang penderitaan secara langsung dan enggan membiarkannya menentukan realiti. Ia menambat jiwa dalam sesuatu yang lebih mendalam daripada pengalaman—sesuatu yang tidak berubah.
Ketaatan dan harapan tumbuh bersama.
Ketika ketaatan melatih kita untuk tetap selaras tanpa ganjaran segera, harapan belajar untuk berhenti tanpa penyelesaian segera. Bersama-sama, ia membentuk daya tahan—kekuatan senyap untuk terus setia walaupun kejelasan tertangguh.
Ini bukan harapan pasif.
Ia adalah kepercayaan yang berdaya tahan.

Pemeriksaan Jantung
Duduklah dengan soalan-soalan ini dengan tenang.

1. **Apakah yang paling berkaitan dengan harapan anda—hasil atau sifat Tuhan?**
2. **Bagaimanakah anda bertindak balas secara dalaman apabila keadaan tidak bertambah baik seperti yang dijangkakan?**

3. **Apakah maksudnya untuk meletakkan harapan anda di tempat yang lebih dalam daripada keadaan?**

Amalan Hari Ini (Menambat Harapan)
Amalan hari ini adalah **berlabuh zikir** .
Tuliskan atau ingatlah secara senyap **satu kebenaran tentang Tuhan** yang tetap tidak berubah walau apa pun situasi anda (kesetiaan, kehadiran, belas kasihan, kedaulatan-Nya).
Ulanginya perlahan-lahan sepanjang hari.
Biarlah harapan itu bersemadi di situ.

Doa
Bapa,
ajarlah aku harapan yang kekal, bukan harapan yang bergantung pada kelegaan. Tambatkan jiwaku dalam watak-Mu ketika keadaan masih belum terselesaikan. Bantulah aku mempercayai -Mu dengan teguh,
walaupun hasilnya tidak jelas. Engkaulah dasarku yang teguh.
Amin.

Perisytiharan
Sebutkan ini dengan kuat:
Harapanku berlabuh pada Tuhan.
Keadaan tidak menentukan imanku. Aku bertahan dengan keyakinan akan kebenaran. Kesetiaan Tuhan tetap teguh.
Jiwaku teguh dan aman.

Komitmen terhadap Kepatuhan
Hari ini, saya komited kepada **harapan yang berlabuh** .
Saya tidak akan mengukur kesetiaan Tuhan dengan hasil serta-merta. Saya mempercayai watak-Nya dan kekal sejajar.

Orientasi Penutup

Harapan matang secara senyap.
Ia tidak tergesa-gesa dalam mencapai resolusi—
ia menstabilkan jiwa.
Esok, kita akan meneroka **bagaimana ketaatan membentuk semula pemahaman kita tentang cinta—bukan sebagai emosi, tetapi sebagai komitmen yang berdisiplin** .

HARI KEDUA PULUH

Cinta yang Belajar untuk Kekal

Mengapa Ketaatan Melatih Hati untuk Mengasihi dengan Baik

AYAT-AYAT FOKUS UTAMA

- **Yohanes 14:15** — *Jikalau kamu mengasihi Aku, kamu akan menuruti perintah-perintah-Ku.*
- **1 Korintus 13:4–7** — *Kasih itu sabar, kasih itu murah hati...*
- **1 Yohanes 5:3** — *Inilah kasih kepada Allah, iaitu mentaati perintah-perintah-Nya.*

Bacaan Kitab Suci (Baca Perlahan-lahan)
"Inilah kasih kepada Tuhan, iaitu mentaati perintah-perintah-Nya. Perintah-perintah-Nya tidaklah berat."
— 1 Yohanes 5:3
Berhenti sejenak.
Perhatikan bagaimana Kitab Suci mentakrifkan kasih.

Renungan Renungan
Budaya moden menganggap cinta sebagai satu emosi—sesuatu yang dirasai, diikuti, dan ditarik balik apabila ia pudar. Kitab Suci menganggap kasih sayang sebagai satu **komitmen** — sesuatu yang diamalkan, dikekalkan, dan dibuktikan melalui kesetiaan. Perbezaan ini amat penting. Apabila kasih sayang direduksi menjadi perasaan, ia menjadi tidak stabil. Apabila kasih sayang dibentuk melalui ketaatan, ia menjadi berdaya tahan.
Sebelum **CS Lewis** menulis tentang cinta Kristian dengan jelas, dia belajar bahawa cinta mesti dilatih. Kasih sayang

berubah-ubah. Keinginan berubah. Emosi naik turun.
Ketaatan mengajar cinta untuk kekal apabila rasa keseorangan tidak dapat menanggungnya.
Inilah sebabnya mengapa Kitab Suci menghubungkan kasih dengan ketaatan.
Cinta bukan sekadar diluahkan—ia dilakonkan.
Ia sabar apabila tersinggung. Baik hati apabila menyusahkan. Setia apabila tidak kelihatan.
Hari ke-20 mengajak anda untuk meneliti bagaimana anda memahami cinta.
Jika cinta bergantung pada emosi, ketaatan terasa sebagai pilihan.
Jika cinta adalah komitmen, ketaatan menjadi semula jadi.
Kasih Kristian bukanlah dingin atau mekanikal. Ia adalah kehangatan yang berdisiplin—dibentuk melalui pilihan berulang untuk kekal selaras dengan Tuhan dan setia kepada orang lain, walaupun perasaan itu ketinggalan di belakang niat.
Cinta seperti ini tumbuh perlahan-lahan.
Ketaatan melatih kita untuk bertindak dengan penuh kasih sebelum kita merasa penyayang. Lama-kelamaan, perasaan mengikuti pembentukan. Hati belajar untuk mencintai apa yang dipilih oleh kehendak secara konsisten.
Beginilah cinta itu matang.
Bukan dengan keamatan,
tetapi dengan daya tahan.

Pemeriksaan Jantung

Duduklah dengan soalan-soalan ini dengan tenang.

1. **Bagaimanakah anda biasanya mentakrifkan cinta—emosi atau komitmen?**
2. **Di manakah ketaatan telah mencabar pemahaman anda tentang kasih?**
3. **Hubungan atau tanggungjawab apakah yang memerlukan kasih sayang yang berdisiplin sekarang?**

Amalan Hari Ini (Kasih Sayang yang Teguh)

Amalan hari ini adalah **kesetiaan yang disengajakan** .
Pilih **satu hubungan atau tanggungjawab** di mana cinta terasa biasa, tegang, atau tidak disedari.
Luahkan kasih sayang hari ini melalui **tindakan** , bukan perasaan:

- Kata-kata yang baik
- Respons pesakit
- Susulan yang setia

Jangan tunggu untuk merasa disayangi.
Pilihlah untuk menjadi penyayang.

Doa

Bapa,
Ajarlah aku kasih yang kekal, bukan kasih yang bergantung pada emosi. Bentuklah hatiku melalui kesetiaan yang taat agar kasih menjadi teguh dan sejati. Bantulah aku tetap komited ketika perasaan berubah-ubah. Aku memilih kasih yang dibentuk oleh ketaatan. Amin.

Perisytiharan

Sebutkan ini dengan kuat:
Cinta terbentuk melalui ketaatan.
Aku mencintai dengan komitmen, bukan dengan dorongan hati. Perintah Tuhan melatih hatiku untuk mencintai dengan baik. Aku tetap setia walaupun perasaan itu pudar. Cintaku bertambah kuat melalui penjajaran.

Komitmen terhadap Kepatuhan

Hari ini, aku berkomitmen untuk **cinta yang berdisiplin** .
Aku memilih kesetiaan daripada turun naik dan ketaatan daripada emosi.

Orientasi Penutup

Anda telah sampai ke penghujung perjalanan.
Dari sini dan seterusnya, ketaatan beralih
daripada pembentukan kepada **misi** .

Esok, kita akan meneroka **bagaimana ketaatan membentuk semula tujuan hidup kita—bukan sebagai pemenuhan diri, tetapi sebagai panggilan setia** .

HARI KEDUA PULUH SATU

Tujuan yang Dibentuk oleh Ketaatan

Mengapa Panggilan Ditemui Melalui Kesetiaan

AYAT-AYAT FOKUS UTAMA

- **Efesus 2:10** — *Diciptakan dalam Kristus Yesus untuk melakukan pekerjaan yang baik...*
- **Lukas 16:10–12** — *Setia dalam perkara kecil, setia dalam perkara besar.*
- **1 Korintus 7:17** — *Hendaklah setiap orang hidup seperti yang telah ditetapkan Tuhan...*

Bacaan Kitab Suci (Baca Perlahan-lahan)
"Kita ini buatan Allah,
diciptakan dalam Kristus Yesus untuk melakukan pekerjaan baik,
yang telah dipersiapkan Allah sebelumnya untuk kita lakukan."
— Efesus 2:10
Jeda.
Perhatikan bahawa tujuan **disediakan** , bukan dibuat-buat.

Renungan Renungan
Tujuan sering dianggap sebagai sesuatu yang boleh ditemui secara tiba-tiba—melalui kejelasan, semangat atau peluang. Kitab Suci membentangkan realiti yang lebih senyap: tujuan diungkapkan **melalui kesetiaan** . Panggilan biasanya tidak tiba sebagai pengumuman yang dramatik. Ia terungkap sebagai ketaatan yang diamalkan secara konsisten di tempat-tempat biasa.

Sebelum **CS Lewis** memahami jangkauan kerjanya, ketaatannya tertumpu pada apa yang ada di hadapannya—mengajar, menulis dengan setia, mengatakan kebenaran dengan teliti. Tujuan mengikuti kesetiaan. Ia tidak mendahuluinya.

Ini penting .

Apabila kita mengejar tujuan tanpa ketaatan, kita sering mengejar keterlihatan. Kita mencari peranan dan bukannya kesediaan, platform dan bukannya postur. Kitab Suci mengarahkan kita: Tuhan mempercayakan tanggungjawab yang lebih besar kepada mereka yang setia di mana sahaja mereka berada.

Tujuan tidak ditemui dengan bertanya, *"Apakah yang sepatutnya saya lakukan?"*

Ia dibentuk dengan bertanya, *"Bagaimana saya boleh setia di sini?"*

Hari ke-21 menjemput anda untuk melepaskan tekanan.

Anda tidak memerlukan kejelasan sepenuhnya untuk menjadi patuh.

Anda memerlukan kesediaan di mana anda berdiri.

Panggilan bukanlah jalan menyimpang dari ketaatan; ia adalah ketaatan yang dilanjutkan dari semasa ke semasa. Kesetiaan dalam perkara-perkara kecil melatih hati untuk membawa perkara-perkara yang lebih besar tanpa penyelewengan.

Tujuan Tuhan tidak rapuh.

Ia tidak memerlukan anda tergesa-gesa mendahului pembentukan.

Mereka muncul secara semula jadi di mana kepatuhan kekal teguh.

Pemeriksaan Jantung

Duduklah dengan soalan-soalan ini dengan tenang.

1. **Di manakah anda pernah tergoda untuk mengejar tujuan daripada mengamalkan kesetiaan?**
2. **Apakah tanggungjawab yang sedia ada di hadapan anda sekarang?**

3. **Bagaimanakah ketaatan di sini mungkin membentuk panggilan masa depan?**

Amalan Hari Ini (Kehadiran Setia)
Amalan hari ini adalah **kesetiaan yang penuh perhatian** .
Kenal pasti **satu tanggungjawab atau peluang** yang telah diamanahkan kepada anda—kerja, keluarga, khidmat, pembelajaran atau penjagaan.
Berikan **perhatian sepenuhnya hari ini** .
Jangan tergesa-gesa.
Jangan pandang remeh.
Anggaplah ia sebagai tujuan dalam pembentukan.

Doa
Bapa,
ajarlah aku untuk percaya bahawa Engkau menyatakan tujuan hidupku melalui ketaatan. Bebaskan aku daripada kebimbangan tentang masa depan dan sauhkan aku dalam kesetiaan hari ini. Bantulah aku melayani dengan baik di tempatku berada dan percayakan Engkau dengan apa yang akan datang. Aku mempersembahkan kepada-Mu keselarasanku sekarang. Amin.

Perisytiharan
Sebutkan ini dengan kuat:
Tujuan Tuhan terungkap melalui ketaatan saya.
Saya setia di mana sahaja saya berada. Tindakan ketaatan kecil membentuk panggilan yang berkekalan. Saya mempercayai Tuhan dengan masa depan saya dan menyelaraskan hari ini. Hidup saya dibentuk untuk perbuatan baik.

Komitmen terhadap Kepatuhan
Hari ini, aku komited untuk **hadir dengan setia** .
Aku melepaskan keperluan untuk kejelasan pramatang dan

memilih ketaatan dalam apa yang telah diamanahkan kepadaku.

Orientasi Penutup

Tujuan tumbuh dengan senyap.
Kesetiaan menyediakan jalan.
Esok, kita akan meneroka **bagaimana ketaatan membentuk semula cita-cita—bukan dengan membuangnya, tetapi dengan memurnikannya** .

HARI KEDUA PULUH DUA

Cita-cita Disusun Semula

Apabila Ketaatan Memurnikan Apa yang Mendorong Anda

AYAT-AYAT FOKUS UTAMA

- **Matius 6:33** — *Carilah dahulu Kerajaan Allah...*
- **Yakobus 3:13–17** — *Hikmat yang dari atas adalah murni, pendamai, lemah lembut...*
- **Filipi 2:3–5** — *Janganlah berbuat apa-apa hanya kerana kepentingan diri sendiri...*

Bacaan Kitab Suci (Baca Perlahan-lahan)
"Janganlah berbuat apa-apa kerana kepentingan diri sendiri atau kerana kesombongan.
Sebaliknya, dengan rendah hati, anggaplah orang lain lebih daripada dirimu sendiri."
— Filipi 2:3
Berhenti sejenak.
Perhatikan bahawa Kitab Suci tidak memadamkan cita-cita—ia **melayakkannya** .

Renungan Renungan
Cita-cita bukanlah musuh kepada ketaatan.
Cita-cita yang tidak diteliti adalah.
Ramai orang percaya menganggap bahawa mengikut Kristus memerlukan meninggalkan keinginan, dorongan, atau aspirasi. Kitab Suci menawarkan jalan yang lebih bijaksana. Tuhan tidak menghapuskan cita-cita—Dia **menyusunnya semula** . Sebelum **CS Lewis** belajar untuk mengurus pengaruh dengan setia, cita-cita perlu disucikan. Keinginan untuk menjadi betul,

untuk didengari, untuk diiktiraf—dorongan ini tidak dipadamkan oleh iman. Ia telah diperhalusi. Kepatuhan mengalihkan apa yang dimaksudkan dengan cita- *cita* .

Cita-cita menjawab soalan: *Apakah yang sedang saya tuju?* Apabila cita-cita berpusatkan diri, ketaatan terasa menyekat. Apabila cita-cita berpusatkan Tuhan, ketaatan menjadi penjelasan.

Kitab Suci membezakan antara cita-cita yang mementingkan diri sendiri dan aspirasi suci. Yang seorang mencari pengiktirafan; yang seorang lagi mencari kesetiaan. Yang seorang mengejar keterlihatan; yang seorang lagi mengejar keselarasan. Yang seorang meninggikan diri; yang seorang lagi memajukan tujuan Tuhan.

Hari ke-22 mengajak anda untuk meneliti apa yang mendorong anda ke bawah permukaan.

Cita-cita yang dibiarkan menjadi perbandingan.

Cita-cita yang disucikan menjadi pengabdian.

Ketaatan tidak meratakan keinginan. Ia memberi keinginan pusat baharu. Ia mengajar kita untuk mencari Kerajaan Tuhan dahulu—bukan sebagai idea abstrak, tetapi sebagai keutamaan hidup yang membentuk semula matlamat, pilihan, dan jangkaan.

Apabila cita-cita sejajar, usaha akan memberi laluan kepada keteguhan. Kita tidak lagi didorong oleh kebimbangan untuk membuktikan diri kita. Kita digerakkan oleh kepercayaan untuk berkhidmat dengan setia.

Ini adalah cita-cita yang telah sembuh.

Pemeriksaan Jantung

Duduklah dengan soalan-soalan ini dengan tenang.

1. **Apakah cita-cita yang mendorong keputusan anda pada masa ini?**
2. **Di manakah keinginan untuk pengiktirafan atau kejayaan mungkin membentuk kepatuhan anda?**
3. **Bagaimana rasanya mencari Kerajaan Tuhan dahulu dalam aspirasi anda?**

Amalan Hari Ini (Niat Suci)
Amalan hari ini adalah **penjajaran yang disengajakan** .
Pilih **satu matlamat atau cita-cita** yang sedang anda kejar secara aktif.
Doakan ini dengan ikhlas:
"Tuhan, susun semula cita-cita ini ke arah tujuan-Mu."
Kemudian ambillah **satu langkah kecil** hari ini yang mencerminkan kerendahan hati, pelayanan, atau kesetiaan dan bukannya keterlihatan.
Doa
Bapa,
Engkau mengetahui keinginan yang mendorongku. Sucikan cita-citaku dan selaraskannya dengan Kerajaan-Mu.
Singkirkan apa yang berakar umbi dalam ketakutan atau keangkuhan dan kuatkan apa yang memenuhi tujuan-Mu.
Ajarlah aku untuk mencari Engkau dahulu dalam semua yang kukejar. Amin.

Perisytiharan
Sebutkan ini dengan kuat:
Cita-cita saya selaras dengan Kerajaan Tuhan.
Ketaatan memurnikan apa yang mendorong saya. Saya mencari kesetiaan daripada pengiktirafan. Keinginan saya disusun semula oleh kebenaran. Saya bergerak dengan mantap menuju tujuan Tuhan.

Komitmen terhadap Kepatuhan
Hari ini, saya komited kepada **cita-cita yang berpusatkan Kerajaan** .
Saya melepaskan usaha yang berpusatkan diri dan memilih ketaatan yang menyelaraskan keinginan saya dengan kehendak Tuhan.

Orientasi Penutup
Cita-cita tidak hilang.
Ia **dialihkan semula** .

Esok, kita akan meneroka **bagaimana ketaatan membentuk semula kejayaan—bukan dengan mentakrifkan semula pencapaian, tetapi dengan mengukur buah** .

HARI DUA PULUH TIGA

Kejayaan Diukur dengan Buah

Mengapa Ketaatan Mendefinisikan Semula Apa Ertinya Berjaya

AYAT-AYAT FOKUS UTAMA

- **Yohanes 15:4–8** — *Tinggallah di dalam Aku, dan kamu akan menghasilkan banyak buah.*
- **Matius 7:16–20** — *Dari buahnyalah kamu akan mengenali mereka.*
- **Galatia 5:22–23** — *Buah Roh ialah…*

Bacaan Kitab Suci (Baca Perlahan-lahan)
"Dari buahnyalah kamu akan mengenali mereka."
— Matius 7:16
Jeda sebentar.
Perhatikan bahawa Kitab Suci menilai kehidupan berdasarkan **hasil** , bukan imej.

Renungan Renungan
Kejayaan adalah salah satu konsep yang paling berbahaya dalam kepercayaan moden.
Kita sering mengukur kejayaan dengan keterlihatan, pertumbuhan, penegasan, atau produktiviti. Walaupun dalam konteks rohani, kita boleh mengelirukan momentum dengan kematangan dan aktiviti dengan penjajaran. Kitab Suci menawarkan ukuran yang berbeza sama sekali: **buah** .
Buah tidak dihasilkan.
Ia dihasilkan.
Sebelum **CS Lewis** menjadi berpengaruh secara meluas, buah daripada ketaatannya sudah kelihatan—kejelasan pemikiran,

kerendahan hati dalam keyakinan, kesabaran dalam dialog, kesetiaan dalam disiplin. Pengiktirafan awam datang kemudian. Buah datang dahulu.

Perintah ini penting.

Buah tidak boleh tergesa-gesa.

Ia tidak boleh dipalsukan. Ia tidak boleh dikekalkan tanpa penjajaran.

Ketaatan membentuk semula kejayaan dengan mengalihkan tumpuan daripada hasil yang kita kawal kepada buah yang dihasilkan oleh Tuhan. Ia bukan bertanya, *"Apakah yang telah saya capai?"* tetapi *"Apakah yang sedang dibentuk?"* Kasih sayang, kesabaran, kawalan diri, kesetiaan—ini bukanlah metrik yang mencolok mata, tetapi ia tidak dapat disangkal lagi.

Hari ke-23 mengajak anda untuk meneliti bagaimana anda menilai hidup anda.

Di mana kejayaan diukur dengan hasil sahaja, tekanan akan meningkat.

Di mana kejayaan diukur dengan buah, kedamaian akan berkembang.

Yesus tidak meminta hasil yang mengagumkan.

Dia mengajak untuk kekal.

Buah muncul secara semula jadi di mana ketaatan tetap berakar umbi. Lama-kelamaan, buahnya menjadi kelihatan—bukan selalu kepada kita dahulu, tetapi dengan jelas kepada orang lain. Inilah sebabnya Kitab Suci mengatakan kita "dikenali" melalui buahnya. Ia mendedahkan jenis pokok yang kita sedang jadi.

Kejayaan, dalam Kerajaan Tuhan, bukan tentang sejauh mana anda telah pergi.

Ia tentang apa yang berkembang di tempat anda berdiri.

Pemeriksaan Jantung

Duduklah dengan soalan-soalan ini dengan tenang.

1. **Bagaimanakah anda biasanya mengukur kejayaan dalam hidup anda?**

2. **Apakah jenis buah yang kini jelas dalam diri anda—kesabaran, kasih, kedamaian, dan penguasaan diri?**
3. **Apakah buah yang mungkin ditanam oleh Tuhan yang anda terlepas pandang kerana ia terasa biasa?**

Amalan Hari Ini (Kesedaran Buah-buahan)

Amalan hari ini adalah **memerhatikan buah** .

Sepanjang hari, beri perhatian kepada saat-saat di mana:

- Anda bertindak balas dengan sabar dan bukannya kerengsaan
- Anda memilih kekangan dan bukannya dorongan hati
- Kau bertindak dengan baik tanpa pengiktirafan

Pada penghujung hari, bersyukurlah kepada Tuhan untuk **sebiji buah kecil** yang anda perhatikan.

Doa

Bapa,
ajarlah aku untuk menghargai buah daripada pengiktirafan. Bantulah aku untuk tetap berakar umbi dalam-Mu supaya apa yang tumbuh dalam hidupku mencerminkan Roh-Mu. Bebaskan aku daripada ukuran kejayaan yang palsu dan sauhkan aku dalam apa yang Engkau bentuk. Aku memilih untuk taat. Amin.

Perisytiharan

Sebutkan ini dengan kuat:
Saya mengukur kejayaan dengan buah, bukan keterlihatan. Tuhan menghasilkan pertumbuhan melalui ketaatan. Saya tetap berakar umbi dan selaras. Apa yang Tuhan bentuk dalam diri saya adalah penting. Hidup saya menghasilkan buah yang berkekalan.

Komitmen terhadap Kepatuhan

Hari ini, saya komited untuk **ketaatan yang membuahkan hasil** .

Saya melepaskan ukuran kejayaan yang palsu dan percaya kepada Tuhan untuk menghasilkan apa yang kekal.

Orientasi Penutup

Buah tumbuh dengan senyap.
Esok, kita akan meneroka **bagaimana ketaatan membentuk semula pemahaman kita tentang legasi—bukan sebagai ingatan, tetapi sebagai pendaraban** .

HARI DUA PULUH EMPAT

Legasi Yang Berganda

Mengapa Ketaatan Lebih Lama Bertahan daripada Keterlihatan

AYAT-AYAT FOKUS UTAMA

- **2 Timotius 2:2** — *Percayakan kepada orang-orang yang setia yang juga akan mampu mengajar orang lain.*
- **Mazmur 145:4** — *Satu generasi memuji perbuatan-perbuatan-Mu kepada generasi yang lain.*
- **Yohanes 12:24** — *Jika sebiji gandum tidak jatuh ke dalam tanah dan mati... ia akan menghasilkan banyak buah.*

Bacaan Kitab Suci (Baca Perlahan-lahan)
"Jika sebiji gandum tidak jatuh ke dalam tanah dan mati,
ia tetap satu biji sahaja; tetapi jika ia mati, ia akan menghasilkan banyak buah."
— Yohanes 12:24
Jeda.
Perhatikan bahawa buah memerlukan **pelepasan** , bukan pengawetan.

Renungan Renungan
Legasi sering disalahertikan sebagai apa yang tinggal *tentang* kita selepas kita tiada.
Kitab Suci mentakrifkan warisan sebagai apa yang berterusan *melalui* orang lain kerana kita setia. Warisan bukanlah ingatan—ia adalah pendaraban. Ia bukan berapa lama kita diingati; ia adalah betapa mendalamnya ketaatan menghasilkan semula kehidupan di luar kita.

Sebelum **CS Lewis** dapat membayangkan jangkauan karyanya, beliau menumpukan perhatian kepada kesetiaan dan bukannya impak. Beliau menulis, mengajar, dan bercakap dengan jelas kerana ketaatan menuntut kejujuran—bukan kerana legasi dijamin. Penggandaan itu datang kemudian, di luar kawalannya.

Inilah corak Kerajaan.

Benih tidak mengumumkan tuaian masa depan mereka.

Ia hanya jatuh ke tanah dan mematuhi rancangan mereka.

Hari ke-24 mengajak anda untuk melepaskan tekanan bagi menjamin legasi anda sendiri. Ketaatan yang berpegang teguh pada keterlihatan tidak akan berlipat ganda. Ketaatan yang melepaskan kawalan mewujudkan ruang bagi Tuhan untuk menghasilkan buah yang jauh melangkaui hayat kita.

Warisan berkembang di mana ketaatan boleh dipindahkan—di mana kebenaran dihayati, dikongsi, dan diamanahkan kepada orang lain yang akan meneruskannya. Inilah sebabnya Kitab Suci menekankan kesetiaan kepada manusia, bukan platform.

Anda tidak perlu tahu siapa yang akan terjejas oleh ketaatan anda.

Anda perlu kekal setia di mana sahaja anda berada.

Tuhan yang mengendalikan pendaraban.

Warisan tidak dibina melalui pemeliharaan diri.

Ia dibentuk melalui penyerahan diri.

Pemeriksaan Jantung

Duduklah dengan soalan-soalan ini dengan tenang.

1. **Bagaimanakah pendapat anda tentang legasi—reputasi atau pembiakan?**
2. **Di manakah Tuhan mungkin meminta anda untuk melepaskan kawalan dan bukannya mengekalkan pengaruh?**
3. **Siapakah yang boleh dibentuk secara senyap-senyap oleh ketaatan anda sekarang?**

Amalan Hari Ini (Bertawakal Dengan Setia)

Amalan hari ini adalah **pelaburan yang disengajakan** .
Menggalakkan, menyokong atau mengatakan kebenaran kepada **seseorang** — tanpa agenda atau jangkaan balasan.
Lakukanlah dengan mudah.
Lakukanlah dengan setia. Biarlah Tuhan yang mengendalikan buahnya.

Doa

Bapa,
bebaskan aku daripada keperluan untuk mendapatkan warisanku sendiri.
Ajar aku untuk mempercayai-Mu dengan pendaraban.
Bantulah aku melabur dengan setia pada orang lain dan menyerahkan kawalan ke atas hasil. Biarlah ketaatanku membuahkan hasil yang melebihi apa yang dapat kulihat.
Amin.

Perisytiharan

Sebutkan ini dengan kuat:
Ketaatan saya berlipat ganda melebihi penglihatan saya.
Tuhan menghasilkan buah melalui penyerahan diri yang setia.
Saya melepaskan kawalan dan mempercayai Tuhan dengan warisan. Apa yang saya laburkan pada orang lain kekal. Hidup saya menghasilkan buah di luar jangkauan saya.

Komitmen terhadap Kepatuhan

Hari ini, saya komited untuk **ketaatan yang berlandaskan warisan** .
Saya akan melabur dengan setia dan mempercayai Tuhan untuk melipatgandakan apa yang saya keluarkan.

Orientasi Penutup

Legasi terbentuk secara senyap.
Esok, kita akan meneroka **bagaimana ketaatan membentuk semula pemahaman kita tentang kematian dan kefanaan—bukan sebagai kehilangan, tetapi sebagai penyempurnaan** .

HARI DUA PULUH LIMA

Kepatuhan di Ambang Kematian

Mengapa Kematian Menyelesaikan Apa yang Dimulakan oleh Ketaatan

AYAT-AYAT FOKUS UTAMA

- **Filipi 1:21–23** — *Hidup adalah Kristus, dan mati adalah keuntungan.*
- **Ibrani 11:13–16** — *Mereka merindukan tanah air yang lebih baik…*
- **2 Timotius 4:7–8** — *Aku telah mengakhiri pertandingan yang baik…*

Bacaan Kitab Suci (Baca Perlahan-lahan)
"Aku telah mengakhiri pertandingan yang baik,
aku telah mencapai garis akhir, aku telah memelihara iman."
— 2 Timotius 4:7
Berhenti sejenak.
Perhatikan bahawa Paulus bercakap tentang **penyempurnaan** , bukan penyesalan.

Renungan Renungan
Budaya moden mengelakkan kematian dengan menafikannya. Kita mengalihkan perhatian kita dengan produktiviti, hiburan, dan pembinaan legasi, berharap untuk tidak menghadapi realiti bahawa setiap kehidupan bergerak menuju pengakhiran. Kitab Suci tidak mengelakkan kematian. Ia membingkainya semula. Kematian bukanlah penafian ketaatan—ia adalah **kemuncaknya** .
Bagi mereka yang berjalan selaras dengan Tuhan, kematian bukanlah gangguan. Ia adalah ketibaan.

Sebelum **CS Lewis** merenungkan secara mendalam tentang kefanaan, beliau bergelut dengan implikasinya. Kematian mengganggu kita kerana ia mendedahkan di mana harapan kita sebenarnya terletak. Jika ketaatan berakar umbi dalam hasil, kematian terasa seperti kehilangan. Jika ketaatan berakar umbi dalam kesetiaan, kematian terasa seperti penyempurnaan.

Kitab Suci menyebut tentang menyelesaikan dengan baik.

Tidak mencapai segala-galanya.

Tidak mengelakkan semua kesakitan. Tetapi kekal sehaluan sehingga akhir.

Hari ke-25 mengajak anda untuk meneliti bagaimana kefanaan membentuk ketaatan anda.

Jika kematian ditakuti, ketaatan sering menjadi cemas.

Jika kematian diterima, ketaatan menjadi fokus.

Kesedaran tentang kefanaan menjelaskan keutamaan. Ia menghilangkan cita-cita remeh dan mendedahkan apa yang benar-benar penting. Ketaatan menjadi kurang mengenai pengumpulan dan lebih kepada kesetiaan. Kurang mengenai membuktikan kepentingan dan lebih kepada hidup selaras dengan tujuan Tuhan.

Kematian tidak mengurangkan kesetiaan hidup.

Ia memeteraikannya.

Harapan Kristian bukanlah agar kita mengelakkan kematian, tetapi kematian tidak dapat membatalkan apa yang telah dibentuk oleh ketaatan. Apa yang Tuhan mulakan dalam diri kita, Dia selesaikan—malah selepas nafas terakhir kita.

Pemeriksaan Jantung

Duduklah dengan soalan-soalan ini dengan tenang.

1. **Bagaimanakah kesedaran tentang kematian mempengaruhi keutamaan anda?**
2. **Apakah yang akan kelihatan seperti "menyelesaikan dengan baik" dalam hidup anda?**

3. **Di manakah kepatuhan mungkin membantu anda hidup dengan lebih bersungguh-sungguh hari ini?**

Amalan Hari Ini (Hidup dengan Pengakhiran yang Terpandang)
Amalan hari ini adalah **penjajaran yang disengajakan** . Pilih **satu aktiviti atau keputusan** hari ini dan tanya: *"Adakah ini penting jika saya hampir ke penghujung hayat saya?"* Biarlah soalan itu memperhalusi pilihan anda.

Doa
Bapa,
ajarlah aku untuk hidup dengan pandangan keabadian. Bantulah aku mengutamakan kesetiaan daripada pengumpulan dan penyelarasan daripada kebimbangan. Aku percaya bahawa Engkau menyelesaikan apa yang Engkau mulakan dan ketaatanku penting di luar kehidupan ini. Aku mempersembahkan hari-hariku kepada-Mu .
Amin.

Perisytiharan
Sebutkan ini dengan kuat:
Hidupku berorientasikan keabadian.
Ketaatan mempersiapkanku untuk menyelesaikannya dengan baik. Kematian tidak membatalkan pekerjaan Tuhan dalam diriku. Aku hidup dengan setia dengan tujuan akhir. Harapanku terjamin di dalam Kristus.

Komitmen terhadap Kepatuhan
Hari ini, aku berkomitmen untuk **ketaatan yang abadi** . Aku melepaskan ketakutan akan kematian dan memilih penjajaran yang bertahan melampaui usiaku.

Orientasi Penutup
Kefanaan menjelaskan kepatuhan.

Esok, kita akan meneroka **bagaimana ketaatan membentuk semula pemahaman kita tentang kebangkitan—bukan sebagai doktrin sahaja, tetapi sebagai harapan harian** .

HARI DUA PULUH ENAM

Menghayati Kebangkitan Sekarang

Mengapa Ketaatan Dibentuk oleh Apa yang Akan Datang

AYAT-AYAT FOKUS UTAMA

- **Roma 6:4–5** — *Sama seperti Kristus telah dibangkitkan dari antara orang mati... kita juga boleh menjalani kehidupan yang baru.*
- **1 Korintus 15:19–22** — *Jika hanya untuk hidup ini sahaja kita berharap kepada Kristus...*
- **Kolose 3:1–4** — *Tetapkanlah hatimu kepada perkara-perkara yang di atas...*

Bacaan Kitab Suci (Baca Perlahan-lahan)
"Sama seperti Kristus telah dibangkitkan dari antara orang mati oleh kemuliaan Bapa,
demikian juga kita dapat menjalani hidup yang baru."
— Roma 6:4
Perhatikan tensenya.
Kebangkitan membentuk **cara kita hidup sekarang** .

Renungan Renungan
Kebangkitan sering dianggap sebagai harapan masa depan sahaja—sesuatu yang kita tegaskan secara doktrin sambil hidup secara praktikal tidak berubah.
Kitab Suci menolak pemisahan itu.
Kebangkitan Kristus bukan sekadar peristiwa yang perlu diingati. Ia adalah **realiti yang perlu dijelmakan** . Ia mengisytiharkan bahawa kematian tidak mempunyai kuasa

muktamad, kegagalan tidak mempunyai kata putus, dan ketaatan tidak sia-sia—walaupun ia mengorbankan segalanya. Sebelum **C.S. Lewis** bercakap tentang kebangkitan dengan yakin, dia belajar untuk membiarkan harapan masa depan membentuk semula pilihan masa kini. Kebangkitan membingkai semula ketaatan kerana ia meyakinkan kita bahawa apa yang kita serahkan tidak hilang, dan apa yang kita laburkan dalam Kristus tidak terpadam.

Ini mengubah kalkulus ketaatan.

Jika kebangkitan itu benar, ketaatan tidak pernah sia-sia. Jika kebangkitan itu nyata, pengorbanan tidak pernah muktamad. Jika kebangkitan itu pasti, kesetiaan sentiasa berbaloi.

Hari ke-26 mengajak anda untuk terus maju ke hadapan. Ketaatan yang berasaskan kebangkitan bukanlah keresahan. Ia teguh. Ia tidak berpaut erat pada keselesaan atau kawalan kerana ia percaya bahawa Tuhan memulihkan apa yang telah ditetapkan. Harapan kebangkitan melonggarkan cengkaman kita pada pemeliharaan diri dan menguatkan tekad kita untuk hidup dengan benar sekarang.

Inilah sebabnya Kitab Suci menggesa kita untuk "memusatkan fikiran kita kepada perkara-perkara yang di atas." Bukan untuk melarikan diri dari masa kini—tetapi untuk **mentafsirkannya dengan betul** . Kebangkitan mengajar kita bahawa hari ini bukanlah keseluruhan cerita. Apa yang kelihatan hilang mungkin akan dibangkitkan. Apa yang terasa kecil mungkin akan dimuliakan.

Ketaatan menjadi berani apabila kebangkitan menjadi sauhnya.

Pemeriksaan Jantung

Duduklah dengan soalan-soalan ini dengan tenang.

1. **Bagaimanakah kepercayaan pada kebangkitan membentuk keputusan harian anda—jika ada?**
2. **Apakah ketakutan yang mungkin akan hilang jika anda percaya bahawa Tuhan akan memulihkan apa yang telah diserahkan?**

3. **Di manakah Tuhan menjemput anda untuk hidup dengan harapan masa depan yang membentuk ketaatan masa kini?**

Amalan Hari Ini (Pilihan Berorientasikan Kebangkitan)
Amalan hari ini adalah **ketaatan yang berpandangan ke hadapan** .
Pilih **satu keputusan** hari ini yang terasa mahal, menyusahkan atau tidak kelihatan.
Buatlah walau apa pun—
bukan kerana ia terasa baik, tetapi kerana kebangkitan semula memastikan ia penting.

Doa
Bapa,
sauhkanlah ketaatanku pada harapan kebangkitan. Ajarlah aku untuk hidup hari ini berdasarkan apa yang Engkau janjikan esok. Lepaskan ketakutanku akan kehilangan dan kuatkanlah kepercayaanku bahawa Engkau memulihkan segala sesuatu. Aku hidup sebagai orang yang dibangkitkan bersama Kristus. Amin.

Perisytiharan
Sebutkan ini dengan kuat:
Aku hidup dalam kuasa kebangkitan Kristus.
Ketaatan tidak pernah sia-sia. Apa yang kuserahkan, Tuhan pulihkan. Hidupku dibentuk oleh harapan abadi. Aku berjalan ke hadapan dengan keyakinan dan iman.

Komitmen terhadap Kepatuhan
Hari ini, saya komited kepada **ketaatan berbentuk kebangkitan** .
Saya melepaskan ketakutan akan kehilangan dan hidup dengan setia dalam terang apa yang akan Tuhan selesaikan.

Orientasi Penutup
Kebangkitan mengubah segalanya.

Esok, kita akan meneroka **bagaimana ketaatan membentuk semula hubungan kita dengan penghakiman—bukan sebagai ketakutan, tetapi sebagai akauntabiliti yang berakar umbi dalam harapan** .

HARI DUA PULUH TUJUH

Penghakiman Tanpa Rasa Takut

Mengapa Ketaatan Menghadapi Pertanggungjawaban Dengan Yakin

AYAT-AYAT FOKUS UTAMA

- **2 Korintus 5:10** — *Kita semua harus menghadap takhta pengadilan Kristus.*
- **Roma 14:10–12** — *Setiap daripada kita akan memberi pertanggungjawaban tentang dirinya sendiri kepada Tuhan.*
- **1 Yohanes 4:17–18** — *Kasih yang sempurna melenyapkan ketakutan...*

Bacaan Kitab Suci (Baca Perlahan-lahan)
"Demikianlah kasih itu sempurna di antara kita, supaya kita mempunyai keberanian percaya pada hari penghakiman."
— 1 Yohanes 4:17
Jeda.
Perhatikan perkataan **keyakinan** , bukan ketakutan.

Renungan Renungan
Penghakiman adalah salah satu tema yang paling disalahertikan dalam iman Kristian.
Ramai orang percaya secara senyap-senyap takut akannya.
Ada pula yang menghindarinya sepenuhnya. Kita membayangkan penghakiman sebagai pendedahan tanpa belas kasihan, penilaian tanpa rahmat, perhitungan tanpa hubungan.
Kitab Suci menawarkan gambaran yang berbeza: penghakiman bukanlah musuh ketaatan—ia adalah **penjelasannya** .

Penghakiman mendedahkan apa yang telah dibentuk oleh ketaatan.
Sebelum **CS Lewis** bercakap secara jujur tentang akauntabiliti, beliau bergelut dengan idea bahawa penghakiman Tuhan akan sewenang-wenangnya atau menghancurkan. Apa yang beliau temui sebaliknya ialah penghakiman, jika difahami dengan betul, adalah pendedahan realiti. Ia menunjukkan apa yang telah dibentuk, apa yang telah bertahan, dan apa yang selaras dengan kebenaran.
Penghakiman bukan tentang perbandingan.
Ia tentang kesepadanan.
Ia mendedahkan sama ada hidup kita telah selaras dengan kebenaran yang kita akui. Inilah sebabnya Kitab Suci menghubungkan penghakiman dengan kasih. Di mana ketaatan mengalir dari kasih, ketakutan akan melonggarkan cengkamannya. Di mana ketaatan telah ikhlas—walaupun tidak sempurna—penghakiman menjadi pengesahan dan bukannya kecaman.
Ketakutan berkembang subur apabila ketaatan bersifat pelaksanaan.
Keyakinan berkembang apabila ketaatan bersifat jujur.
Hari ke-27 mengajak anda untuk mengkaji bagaimana anda berkaitan dengan akauntabiliti.
Jika penilaian terasa menakutkan, mungkin kerana kepatuhan didorong oleh ketakutan atau imej. Jika penilaian terasa menjelaskan, itu kerana kepatuhan berakar umbi pada penjajaran dan bukannya prestasi.
Tuhan tidak menghakimi untuk memalukan.
Dia menghakimi untuk menyatakan.
Penghakiman melengkapkan pembentukan dengan menamakan apa yang benar. Ia mengesahkan apa yang telah dibentuk secara senyap oleh ketaatan dari semasa ke semasa.
Bagi mereka yang berjalan di dalam Kristus, penghakiman bukanlah satu ancaman—ia adalah satu kesaksian.

Pemeriksaan Jantung
Duduklah dengan soalan-soalan ini dengan tenang.

1. **Apakah emosi yang timbul apabila anda memikirkan tentang akauntabiliti di hadapan Tuhan?**
2. **Di manakah ketakutan terhadap penghakiman mungkin mendedahkan kepatuhan yang didorong oleh prestasi?**
3. **Bagaimanakah ketaatan yang berakar umbi dalam kasih dapat membentuk semula keyakinan anda di hadapan Tuhan?**

Amalan Hari Ini (Penjajaran Jujur)
Amalan hari ini adalah **ulasan yang jujur** .
Pada penghujung hari, tanyakan pada diri sendiri secara senyap:
"Di manakah kehidupan saya selaras dengan kebenaran hari ini?"
Syukur kepada Tuhan untuk apa yang tulen.
Lepaskan apa yang tidak.
Tiada rasa malu.
Sekadar kejujuran.

Doa
Bapa,
terima kasih kerana penghakiman-Mu berakar umbi dalam kebenaran dan kasih. Singkirkan ketakutan di mana aku telah salah faham tentang pertanggungjawaban. Ajarlah aku ketaatan yang tidak tersembunyi dan kesetiaan yang berdiri dalam terang. Aku percaya kepada -Mu untuk menyelesaikan apa yang Engkau bentuk dalam diriku.
Amin.

Perisytiharan
Sebutkan ini dengan kuat:
Saya menghadapi tanggungjawab dengan keyakinan kepada Kristus.
Ketaatan menyelaraskan hidup saya dengan kebenaran.
Penghakiman Tuhan mendedahkan apa yang nyata, bukan apa

yang ditakuti. Kasih sayang menghalau ketakutan dalam ketaatan saya. Saya hidup dengan jujur di hadapan Tuhan.

Komitmen terhadap Kepatuhan

Hari ini, aku komited untuk **ketaatan yang telus** .
Aku tidak akan bersembunyi daripada akauntabiliti atau bertindak untuk mendapatkan kelulusan. Aku memilih penjajaran yang berakar umbi dalam kasih dan kebenaran.

Orientasi Penutup

Penghakiman menjelaskan apa yang telah dibentuk oleh ketaatan.
Esok, kita akan meneroka **bagaimana ketaatan membentuk semula pemahaman kita tentang ganjaran—bukan sebagai bayaran, tetapi sebagai penyertaan dalam kegembiraan Tuhan** .

HARI DUA PULUH LAPAN

HIDUP SEBAGAI DUTA KRISTUS SETIAP HARI

AYAT-AYAT FOKUS UTAMA
" Ganjaran Tanpa Transaksi"
Mengapa Ketaatan Membawa kepada Kegembiraan, Bukan Upah
Kitab Suci Fokus Utama

- **Matius 25:21** — *Baik sekali perbuatanmu itu, hai hambaku yang baik dan setia... masuklah ke dalam kebahagiaan tuanmu.*
- **Ibrani 11:6** — *Dia memberi upah kepada orang yang sungguh-sungguh mencari Dia.*
- **Mazmur 16:11** — *Di hadirat-Mu ada sukacita yang melimpah ruah.*

Bacaan Kitab Suci (Baca Perlahan-lahan)
"Bagus sekali perbuatanmu itu, hai hambaku yang baik dan setia... masuklah dan sertailah kebahagiaan tuanmu."
— Matius 25:21
Berhenti seketika.
Perhatikan bahawa ganjarannya adalah **kegembiraan** , bukan pampasan.

Renungan Renungan
Ganjaran sering disalahertikan sebagai bayaran.
Secara naluri, kita menganggap ketaatan seperti buruh dan ganjaran seperti upah—jika kita melakukan secukupnya, Tuhan berhutang sesuatu kepada kita. Kitab Suci membongkar kerangka kerja ini dengan lembut tetapi tegas. Tuhan tidak memberi ganjaran kepada ketaatan kerana Dia

wajib. Dia memberi ganjaran kepada ketaatan dengan **berkongsi kegembiraan-Nya** .
Ganjarannya bersifat relasional.
Sebelum **CS Lewis** memahami ganjaran Kristian dengan betul, beliau bergelut dengan idea bahawa ganjaran mengurangkan kebajikan. Beliau menganggap bahawa kebaikan sejati haruslah tidak mementingkan diri sendiri—bahawa ganjaran akan merendahkan ketaatan. Apa yang ditemuinya sebaliknya bersifat transformatif: Ganjaran Tuhan bukanlah hadiah luaran; ia adalah pemenuhan semula jadi penjajaran.
Ganjaran melengkapkan ketaatan dengan menarik kita lebih dalam kepada Tuhan sendiri.
Apabila ketaatan bersifat transaksional, kegembiraan itu rapuh.
Apabila ketaatan bersifat relasional, kegembiraan tidak dapat dielakkan.
Kitab Suci secara konsisten menunjukkan kegembiraan sebagai buah kesetiaan. Bukan kegembiraan. Bukan keseronokan. Kegembiraan—teguh, tahan lama, dikongsi.
Ketaatan tidak menjamin kasih Tuhan; ia meletakkan kita untuk **mengalaminya dengan lebih sepenuhnya** .
Hari ke-28 mengajak anda untuk meneliti bagaimana anda berfikir tentang ganjaran.
Jika anda patuh mengharapkan balasan, kekecewaan sering menyusul.
Jika anda patuh untuk kekal selaras, kegembiraan akan tumbuh secara senyap.
Tuhan tidak berdiri di penghujung ketaatan dengan buku besar.
Dia berdiri dengan tangan terbuka, mengajak kita masuk lebih jauh.
Kegembiraan ketaatan bukanlah kepuasan yang tertangguh.
Ia adalah penyertaan yang lebih mendalam.

Pemeriksaan Jantung
Duduklah dengan soalan-soalan ini dengan tenang.

1. **Bagaimanakah anda secara tidak sedar telah menganggap ketaatan—sebagai kewajipan atau hubungan?**
2. **Di manakah anda mungkin mengharapkan Tuhan untuk "membalas" kesetiaan anda?**
3. **Bagaimana rupanya patuh hanya untuk kekal dekat dengan Tuhan?**

Amalan Hari Ini (Ketaatan Berorientasikan Kegembiraan)
Amalan hari ini adalah **ketaatan relasional** .
Pilihlah **satu tindakan ketaatan** hari ini—doa, pelayanan, pengendalian diri, kemurahan hati.
Sebelum melakukannya, berdoalah:
"Tuhan, aku melakukan ini supaya aku tetap dekat dengan-Mu."
Selepas itu, berhenti sebentar dan perhatikan sebarang kegembiraan atau kedamaian yang tenang.

Doa
Bapa,
bebaskan aku dari iman yang bersifat transaksional. Ajarlah aku ketaatan yang menyenangkan hati-Mu. Biarlah sukacita, bukan kewajiban, membentuk kesetiaanku. Aku menerima ganjaran sebagai hubungan, bukan pembayaran. Aku memasuki sukacita-Mu. Amin.

Perisytiharan
Sebutkan ini dengan kuat:
Ketaatan membawa saya ke dalam kegembiraan Tuhan.
Saya tidak mendapatkan ganjaran—saya memasukinya.
Kesetiaan saya mendekatkan saya kepada Tuhan.
Kegembiraan tumbuh di mana keselarasan kekal. Saya bergembira dalam Tuhan.

Komitmen terhadap Kepatuhan

Hari ini, saya komited kepada **ketaatan yang berpusatkan kegembiraan** .
Saya melepaskan jangkaan ganjaran sebagai bayaran dan memilih kesetiaan sebagai hubungan.

Orientasi Penutup
Kegembiraan semakin mendalam dalam diam.
Esok, kita akan meneroka **bagaimana ketaatan membentuk semula pemahaman kita tentang iman—bukan sebagai kepastian, tetapi sebagai kepercayaan yang berjalan ke hadapan** .

HARI KEDUA PULUH SEMBILAN

Iman Yang Berjalan Ke Hadapan

Mengapa Ketaatan Tidak Menunggu Kepastian

AYAT-AYAT FOKUS UTAMA

- **2 Korintus 5:7** — *Kerana kami hidup dengan iman, bukan dengan penglihatan.*
- **Ibrani 11:1, 8** — *Iman adalah keyakinan terhadap apa yang kita harapkan... Abraham taat dan pergi, walaupun dia tidak tahu ke mana dia pergi.*
- **Amsal 3:5–6** — *Percayalah kepada Tuhan dengan segenap hatimu...*

Bacaan Kitab Suci (Baca Perlahan-lahan)
"Kerana kami hidup dengan iman, bukan dengan penglihatan."
— 2 Korintus 5:7
Jeda.
Perhatikan bahawa iman digambarkan sebagai **pergerakan** , bukan kesimpulan.

Renungan Renungan
Ramai orang menganggap iman memerlukan kepastian. Kita menunggu kejelasan sebelum kita bertindak. Kita mahukan jaminan sebelum ketaatan. Kita mengharapkan iman untuk menghilangkan kekaburan, persoalan, dan risiko. Kitab Suci menunjukkan corak yang berbeza: iman sering bermula **sebelum kepastian tiba** .
Iman bukanlah mengetahui ke mana jalan itu membawa. Iman adalah mempercayai Tuhan yang memimpin.

Sebelum **CS Lewis** memeluk agama Kristian sepenuhnya, salah satu perjuangan terbesarnya ialah kehilangan kawalan. Iman memerlukannya untuk melangkah ke hadapan tanpa jawapan yang lengkap. Dia tidak bergerak kerana setiap soalan telah diselesaikan; dia bergerak kerana kejujuran menuntut kepercayaan.

Ini sangat moden.

Kita hidup dalam budaya yang mementingkan kepastian, bukti, dan jaminan. Iman mengganggu pendirian itu. Ia tidak menolak akal—tetapi ia enggan dikawal oleh ketakutan terhadap perkara yang tidak diketahui. Ketaatan yang berakar umbi dalam iman tidak menunggu pemahaman yang lengkap. Ia berjalan ke hadapan dengan cahaya separa.

Hari ke-29 mengajak anda untuk memeriksa di mana anda mungkin menunggu kepastian dan bukannya mengamalkan kepercayaan.

Iman tidak menghilangkan persoalan.

Ia memutuskan walau apa pun persoalan itu.

Ketaatan adalah ungkapan iman yang dapat dilihat. Ia mendedahkan apa yang lebih kita percayai—pemahaman kita atau kesetiaan Tuhan. Apabila iman menjadi persetujuan, ia terhenti. Apabila iman menjadi pergerakan, ia bertumbuh. Berjalan dengan iman tidak bermaksud tindakan yang melulu. Ia bermaksud kepercayaan yang responsif.

Tuhan sering kali mendedahkan langkah seterusnya hanya selepas ketaatan dipilih. Iman dibentuk bukan dalam tekad, tetapi dalam gerakan.

Pemeriksaan Jantung

Duduklah dengan soalan-soalan ini dengan tenang.

1. **Di mana kamu menunggu kepastian sebelum menurut?**
2. **Apakah ketakutan yang timbul apabila kejelasan terasa tidak lengkap?**
3. **Apakah langkah kepercayaan yang mungkin Tuhan minta anda ambil sekarang?**

Amalan Hari Ini (Iman dalam Gerakan)

Amalan hari ini adalah **pergerakan patuh** .

Kenal pasti **satu langkah kecil kepatuhan** yang telah anda tangguhkan kerana anda mahukan lebih banyak kejelasan.

Ambil langkah itu hari ini.

Jangan tergesa-gesa.

Jangan dramatisasikannya.

Bergerak sahaja.

Doa

Bapa,

ajarlah aku iman yang terus maju. Bebaskan aku daripada keperluan untuk kepastian sepenuhnya dan kuatkan kepercayaanku kepada-Mu. Bantulah aku taat dengan terang yang aku miliki dan percayalah kepada-Mu untuk membimbing langkah seterusnya. Aku meletakkan keyakinanku kepada-Mu. Amin.

Perisytiharan

Sebutkan ini dengan kuat:

Aku berjalan dengan iman, bukan dengan penglihatan. Ketaatan tidak menunggu kepastian. Tuhan membimbing langkahku ketika aku maju ke hadapan. Aku percaya kepada-Nya melebihi apa yang aku pahami. Imanku aktif dan hidup.

Komitmen terhadap Kepatuhan

Hari ini, saya komited untuk **ketaatan yang dipenuhi iman** .

Saya tidak akan menangguhkan penyelarasan sementara menunggu kejelasan yang sempurna. Saya memilih untuk percaya dan terus maju.

Orientasi Penutup

Anda hampir ke penghujung perjalanan.

Esok, kita akan meneroka **bagaimana ketaatan membentuk semula pemahaman kita tentang**

penyempurnaan—bukan sebagai ketibaan, tetapi sebagai kesetiaan sepanjang hayat .

HARI TIGA PULUH

Kesetiaan Tanpa Garisan Penamat

Mengapa Ketaatan Adalah Cara Hidup, Bukan Destinasi

AYAT-AYAT FOKUS UTAMA

- **Filipi 3:12–14** — *Bukannya aku telah memperoleh semuanya ini... tetapi aku terus berusaha.*
- **Lukas 9:62** — *Setiap orang yang siap membajak tetapi menoleh ke belakang, tidak layak untuk Kerajaan Allah.*
- **Ibrani 12:1–2** — *Marilah kita berlari dengan tekun dalam perlombaan yang diwajibkan bagi kita.*

Bacaan Kitab Suci (Baca Perlahan-lahan)
"Bukannya aku telah memperoleh semuanya ini,
atau telah sampai ke tujuanku, tetapi aku terus berusaha..."
— Filipi 3:12
Jeda.
Perhatikan bahawa kematangan pun menolak bahasa ketibaan.

Renungan Renungan
Kita tergoda untuk menganggap kepatuhan sebagai satu projek.
Kita mencari peristiwa penting, penanda penyempurnaan, saat-saat apabila kita akhirnya boleh berkata, *"Saya telah tiba."*
Kitab Suci dengan lembut meruntuhkan jangkaan ini.
Kehidupan Kristian tidak mencapai kemuncaknya dengan penguasaan—ia berterusan dalam kesetiaan.

Penyempurnaan, dalam Kitab Suci, bukanlah tentang selesai menjadi.
Ia adalah tentang kekal sejajar.
Sebelum **CS Lewis** mencapai usia akhir hayatnya, ketaatan telah mengajarnya sesuatu yang penting: tiada versi iman di mana pertumbuhan berhenti diperlukan. Malah kejelasan mengajak penyerahan diri yang lebih mendalam. Malah kematangan menuntut kerendahan hati yang berterusan.
Paulus—salah seorang suara yang paling terbentuk secara rohani dalam Kitab Suci—enggan bercakap seolah-olah dia telah tiba. Sebaliknya, dia terus maju. Sikap ini melindungi ketaatan daripada keangkuhan dan memastikan iman responsif dan bukannya statik.
Hari ke-30 menjemput anda untuk melepaskan idea penyempurnaan sebagai ketibaan.
Ketaatan tidak berpunca daripada keselesaan.
Ia menetap dalam **konsistensi** .
Kesetiaan bukanlah sesuatu yang dramatik. Ia stabil. Ia memilih untuk menyelaraskan diri sekali lagi esok. Ia meneruskan perlumbaan tanpa tepukan tangan, tanpa kepastian, tanpa ilusi bahawa kerja telah selesai.
Ini tidak mengecewakan.
Ia membebaskan.
Anda tidak perlu mencapai versi muktamad diri anda.
Anda dijemput untuk kekal setia semasa anda sedang dibentuk.
Tuhan menyelesaikan pekerjaan-Nya bukan dengan mempercepatkan kita sampai ke titik akhir, tetapi dengan mendukung kita sepanjang perjalanan.

Pemeriksaan Jantung
Duduklah dengan soalan-soalan ini dengan tenang.

1. **Di manakah anda pernah tergoda untuk mengukur kehidupan rohani dengan ketibaan dan bukannya kesetiaan?**
2. **Bagaimanakah anda menjawab idea bahawa pembentukan berterusan seumur hidup?**

3. **Apakah maksud "terus berusaha" dalam hidup anda sekarang?**

Amalan Hari Ini (Komitmen Teguh)
Amalan hari ini adalah **orientasi yang diperbaharui** .
Doakan ini perlahan-lahan:
"Tuhan, aku berkomitmen untuk taat setia hari ini—dan lagi esok."
Tiada resolusi.
Tiada garisan penamat. Hanya penjajaran.

Doa
Bapa,
bebaskan aku dari ilusi kedatangan. Ajarlah aku kesetiaan yang tetap teguh dari semasa ke semasa. Bantulah aku terus maju dengan kerendahan hati, ketabahan, dan kepercayaan. Aku meletakkan tanganku pada bajak dan memilih untuk tidak menoleh ke belakang. Sokonglah aku ketika Engkau meneruskan pekerjaan-Mu dalam diriku. Amin.

Perisytiharan
Sebutkan ini dengan kuat:
Aku hidup bukan untuk tiba—aku hidup untuk menyelaraskan diri.
Ketaatan adalah panggilan seumur hidupku. Aku terus maju dengan setia dan percaya. Tuhan sedang menyelesaikan pekerjaan-Nya dalam diriku dari semasa ke semasa. Aku tetap teguh dalam perlumbaan yang ditetapkan di hadapanku.

Komitmen terhadap Kepatuhan
Hari ini, aku berkomitmen untuk **setia sepanjang hayat** . Aku melepaskan keperluan untuk penyempurnaan sebagai ketibaan dan memilih ketaatan yang teguh sebagai cara hidupku.

Orientasi Penutup
Ini bukanlah pengakhiran.
Ia adalah **postur yang tetap** .

Apa yang berlaku sekarang tidak akan menambah tekanan—ia akan memperdalam amalan.

HARI TIGA PULUH SATU

Hidup Anda sebagai Teks

Apabila Ketaatan Beralih Daripada Membaca kepada Kehidupan

Kitab Suci Fokus Utama

- **2 Korintus 3:2–3** — *Kamu sendiri adalah surat kami… yang ditulis bukan dengan dakwat tetapi dengan Roh Allah yang hidup.*
- **Matius 7:24–27** — *Orang yang bijaksana mengamalkan kata-kata ini.*
- **Yakobus 1:23–25** — *Sesiapa yang melihat dengan teliti… dan tidak lupa tetapi melakukannya—akan diberkati.*

Bacaan Kitab Suci (Baca Perlahan-lahan)
"Kamulah surat kami,
yang tertulis di hati kami, yang dikenal dan dibaca oleh semua orang."
— 2 Korintus 3:2
Jeda.
Perhatikan **siapa yang sedang dibaca** .

Renungan Renungan

Sehingga ke tahap ini, anda telah membaca kehidupan, Kitab Suci, dan kebenaran.

Mulai dari sini, **hidup anda menjadi teks** .

Pembentukan Kristian tidak berakhir dengan pemahaman. Ia mencapai kemuncaknya dengan perwujudan. Kitab Suci tidak bertanya sama ada kebenaran telah dikagumi—ia bertanya sama ada ia telah *dihayati* . Ukuran terakhir perjalanan ini bukanlah apa yang telah anda serap, tetapi apa yang telah mula membentuk pilihan harian anda.

Di sinilah ramai orang yang beriman teragak-agak.

Lebih selamat membaca daripada berlatih.

Lebih selamat merenung daripada menyusun semula. Lebih selamat bersetuju daripada menjelmakan.

Namun Kitab Suci menegaskan bahawa dunia bertemu Kristus bukan terutamanya melalui teks, tetapi melalui **manusia** . Melalui nada, respons, kesabaran, kawalan diri, keberanian, belas kasihan, dan kesetiaan, hidup dengan tenang di tempat-tempat biasa.

Hari ke-31 menandakan satu perubahan.

Anda tidak lagi membaca tentang kepatuhan.

Anda dijemput untuk **menjadi mudah dibaca** .

Rutin, hubungan, reaksi dan tanggungjawab anda kini membawa beban. Persoalannya bukan lagi *"Apakah maksudnya ini?"* tetapi *"Bagaimanakah ini akan dijalani?"*

Anda tidak memerlukan peranan atau platform baharu.

Anda memerlukan penjajaran di tempat anda sudah berdiri.

Roh Kudus menulis dengan paling jelas di tempat ketaatan diamalkan secara konsisten—di dapur, pejabat, perbualan, kekecewaan, keputusan yang tidak disedari oleh orang lain. Di sinilah surat-surat hidup dibentuk.

Mulai saat ini dan seterusnya, setiap hari akan membentangkan **senario yang dialami** , bukan pengajaran. Anda tidak diminta untuk menganalisisnya. Anda diminta untuk menghayatinya.

Pemeriksaan Jantung
Duduklah dengan soalan-soalan ini dengan tenang.

1. **Di manakah kehidupan anda sudah "dibaca" oleh orang lain?**
2. **Apakah corak dalam kehidupan seharian anda yang paling jelas menunjukkan iman anda?**
3. **Apakah ertinya hidup dengan kesedaran bahawa hidup anda adalah saksi?**

Amalan Hari Ini (Keterlihatan Sengaja)
Amalan hari ini adalah **penjajaran sedar** .
Pilih **satu suasana biasa** yang akan anda masuki hari ini—pekerjaan, rumah, perbualan, tugasan.
Sebelum memasukinya, berdoalah:
"Tuhan, jadikan hidupku mudah dibaca di sini."
Kemudian teruskan seperti biasa—tetapi dengan penuh perhatian.

Doa
Bapa,
aku mempersembahkan hidupku yang biasa kepada-Mu. Ajarlah aku untuk hidup dengan cara yang mencerminkan kebenaran tanpa prestasi atau kepura-puraan. Tuliskan rahmat-Mu dalam tindakanku, kata-kataku, dan tanggapanku. Biarlah hidupku berbicara dengan tenang dan jelas. Amin.

Perisytiharan
Sebutkan ini dengan kuat:
Hidupku adalah surat Kristus yang hidup.
Roh Tuhan menulis melalui ketaatanku. Aku hidup dengan penuh perhatian dan setia. Kehidupan seharianku memberi kesaksian tentang kebenaran. Aku menjadi mudah difahami oleh dunia.

Komitmen terhadap Kepatuhan

Hari ini, saya komited untuk **hidup dengan sengaja** .
Saya memilih kesedaran berbanding autopilot dan penjajaran berbanding halimunan.

Orientasi Penutup
Dari sini dan seterusnya, tumpuan menjadi semakin sempit.
Bukan ke arah teologi,
tetapi ke arah **amalan** .
Esok, kita akan meneroka **bagaimana ketaatan dizahirkan melalui tindak balas kita di bawah tekanan** .

HARI TIGA PULUH DUA

Apa yang Muncul di Bawah Tekanan

Bagaimana Kepatuhan Didedahkan Apabila Kawalan Hilang

Kitab Suci Fokus Utama

- **Lukas 6:43–45** — *Dari kelimpahan hati itulah mulut berkata-kata.*
- **Amsal 4:23** — *Jagalah hatimu, kerana dari situlah terpancar segala perbuatanmu.*
- **1 Petrus 1:6–7** — *Pencobaan datang supaya dapat dibuktikan ketulenan imanmu.*

Bacaan Kitab Suci (Baca Perlahan-lahan)

"Kerana mulut mengatakan apa yang dipenuhi hati."
— Lukas 6:45
Jeda.
Perhatikan bahawa tekanan tidak mencipta kandungan—ia **mendedahkannya** .

Renungan Renungan

Tekanan adalah pendedah.
Ia tidak mencipta reaksi baharu; ia mendedahkan pembentukan sedia ada. Apabila kawalan hilang—melalui tekanan, gangguan, konflik, atau kekecewaan—apa yang ditunjukkan oleh permukaan yang menunjukkan kepada kita apa yang telah dibentuk oleh kepatuhan di sebalik permukaan. Ini tidak selesa, tetapi ia juga menjelaskan.
Kita sering menilai diri kita sendiri melalui niat. Tuhan membentuk kita melalui **tindak balas** . Di bawah tekanan,

niat memberi laluan kepada naluri. Dan naluri memberitahu kebenaran tentang apa yang telah berakar umbi.
Hari ke-32 mengajak anda untuk melihat tekanan bukan sebagai musuh, tetapi sebagai maklumat.
Jika ketidaksabaran muncul, ia mendedahkan di mana tergesa-gesa masih menguasai.
Jika sikap defensif meningkat, ia mendedahkan di mana kawalan masih menguasai. Jika kelembutan muncul, ia mendedahkan di mana kepatuhan telah melakukan tugasnya secara senyap.
Tekanan tidak bermaksud kegagalan.
Ia bermaksud pendedahan.
Tuhan menggunakan tekanan untuk memfokuskan penjajaran—bukan untuk memalukan kita, tetapi untuk menunjukkan kepada kita di mana pembentukan masih berlaku. Detik-detik ini adalah ajakan, bukan dakwaan.
Anda tidak diminta untuk menghapuskan tekanan.
Anda dijemput untuk belajar daripadanya.
Apabila ketaatan telah membentuk hati, tekanan menjadi saksi. Ia menunjukkan kepada dunia apa yang mengawal anda apabila keadaan tidak bekerjasama.

Pemeriksaan Jantung
Duduklah dengan soalan-soalan ini dengan tenang.

1. **Apakah reaksi yang cenderung timbul apabila anda berada di bawah tekanan?**
2. **Apakah yang didedahkan oleh tindak balas tersebut tentang apa yang masih terbentuk?**
3. **Bagaimanakah tekanan boleh menjadi seorang guru dan bukannya ancaman?**

Amalan Hari Ini (Tindak Balas Bertimbang Rasa)
Amalan hari ini adalah **tindak balas perlahan di bawah tekanan** .
Apabila sesuatu mengganggu rancangan anda hari ini—kelewatan, kekecewaan, gangguan—berhenti sejenak sebelum bertindak balas.

Tarik nafas sekali.
Kemudian pilih respons yang selaras dengan kebenaran dan bukannya gerak hati.
Jangan mengejar kesempurnaan.
Usahakan untuk mencapai kesedaran.

Doa
Bapa,
terima kasih kerana menunjukkan kepadaku apa yang diungkapkan oleh tekanan. Ajarlah aku untuk bertindak balas dan bukannya bertindak balas. Gunakan saat-saat ketegangan untuk memperdalam keselarasanku, bukan untuk menghalang ketaatanku. Bentuklah hatiku di mana kawalan diuji. Amin.

Perisytiharan
Sebutkan ini dengan kuat:
Tekanan mendedahkan apa yang Tuhan bentuk dalam diri saya.
Saya bertindak balas dengan kesedaran, bukan gerak hati.
Ketaatan membentuk reaksi saya di bawah tekanan. Tuhan menggunakan tekanan untuk memperdalam keselarasan. Saya tetap stabil apabila kawalan diuji.

Komitmen terhadap Kepatuhan
Hari ini, saya komited untuk **memberi respons yang penuh perhatian** .
Saya tidak akan takut akan tekanan atau bersembunyi daripada apa yang didedahkannya. Saya membenarkan Tuhan menggunakannya untuk pembentukan.

Orientasi Penutup
Tekanan tidak membatalkan pembentukan.
Ia **mendedahkannya** .
Esok, kita akan meneroka **bagaimana kepatuhan dizahirkan melalui ketekalan dalam pilihan kecil yang berulang** .

HARI TIGA PULUH TIGA

Dibentuk oleh Apa yang Anda Ulangi

Mengapa Ketaatan Dibina Melalui Pilihan Kecil yang Setia

Kitab Suci Fokus Utama

- **Lukas 16:10** — *Barangsiapa setia dalam perkara kecil, ia juga setia dalam perkara besar.*
- **Galatia 6:7-9** — *Janganlah jemu-jemu berbuat baik…*
- **Mazmur 1:1–3** — *Orang itu seperti pokok yang ditanam di tepi aliran air…*

Bacaan Kitab Suci (Baca Perlahan-lahan)

"Barangsiapa setia dalam perkara kecil,
ia juga setia dalam perkara besar."
— Lukas 16:10
Berhenti seketika.
Perhatikan bahawa kesetiaan diukur **dari semasa ke semasa** , bukan dari semasa ke semasa.

Renungan Renungan

Kebanyakan pembentukan berlaku secara senyap.
Bukan pada saat-saat yang menentukan, tetapi pada saat-saat yang berulang. Bukan melalui ketaatan yang dramatik, tetapi melalui penjajaran yang konsisten. Kitab Suci berulang kali menegaskan kebenaran ini: siapa diri kita dibentuk lebih oleh apa yang **sering kita lakukan** daripada apa yang kita lakukan **sekali-sekala** .
Kita cenderung untuk memandang tinggi kuasa satu pilihan dan memandang rendah kuasa pengulangan.

Kepatuhan, yang diamalkan secara konsisten, menjadi watak. Perbuatan kecil, yang diulang setiap hari, membentuk corak yang akhirnya terasa semula jadi. Beginilah cara penjajaran meresap ke dalam tubuh dan kehendak—bukan melalui intensiti, tetapi melalui kesetiaan.

Hari ke-33 mengajak anda untuk melihat rentak anda dengan jujur.

Konsistensi menunjukkan kesetiaan.

Apa yang anda ulangi mendedahkan apa yang mengawal anda. Lama-kelamaan, ketaatan berulang kali menstabilkan keinginan, membentuk semula naluri, dan menambat tindak balas. Inilah sebabnya Kitab Suci membandingkan orang yang setia dengan sebatang pokok—berakar umbi, dipelihara, kukuh. Pertumbuhannya perlahan, tetapi ia pasti.

Konsistensi juga melindungi kita daripada rasa putus asa. Apabila kita hanya mencari kemajuan dalam perubahan dramatik, kita terlepas apa yang sedang terbentuk secara senyap-senyap. Tuhan sering bekerja di bawah penglihatan, menguatkan akar sebelum menghasilkan buah. Pengulangan melatih kepercayaan. Ia membolehkan ketaatan mengatasi emosi, motivasi, dan suasana hati.

Anda tidak memerlukan ketaatan yang luar biasa hari ini. Anda memerlukan pengulangan yang setia.

Pemeriksaan Jantung

Duduklah dengan soalan-soalan ini dengan tenang.

1. **Apakah pilihan kecil yang paling kerap anda ulangi setiap hari?**
2. **Tabiat manakah yang sedang membentuk watak anda—secara sengaja atau tidak sengaja?**
3. **Di manakah Tuhan mungkin menjemput anda untuk mengamalkan kesetiaan secara senyap dan bukannya perubahan dramatik?**

Amalan Hari Ini (Pengulangan Setia)

Latihan hari ini adalah **satu perbuatan yang diulang-ulang**

.

Pilih **satu tindakan ketaatan kecil** yang boleh anda ulangi setiap hari—doa, pembacaan Kitab Suci, kebaikan, kawalan diri, dan rasa syukur.
Lakukannya hari ini **tanpa hiasan** .
Kemudian berjanji untuk mengulanginya esok.

Doa
Bapa,
ajarlah aku untuk menghargai kesetiaan daripada kesungguhan. Bantulah aku mempercayai kuasa ketaatan yang tenang yang berulang dari semasa ke semasa. Bentuklah watakku melalui penyelarasan yang teguh, dan kuatkanlah tekadku untuk tetap setia dalam perkara-perkara kecil. Aku mempersembahkan kepada-Mu ketekalanku.
Amin.

Perisytiharan
Sebutkan ini dengan kuat:
Tuhan membentuk hidupku melalui pengulangan yang setia. Tindakan ketaatan kecil membentuk watak yang berkekalan. Aku tetap teguh dalam keselarasan. Apa yang aku ulangi mencerminkan kesetiaanku. Aku bertumbuh berakar umbi, sabar, dan setia.

Komitmen terhadap Kepatuhan
Hari ini, saya komited kepada **kesetiaan yang konsisten** . Saya memilih ketaatan berulang kali berbanding intensiti sekali-sekala.

Orientasi Penutup
Pembentukan menjadi lebih mendalam melalui pengulangan. Esok, kita akan meneroka **bagaimana kepatuhan dizahirkan melalui kekangan—apa yang kita pilih untuk tidak lakukan** .

HARI TIGA PULUH EMPAT

Kepatuhan terhadap Kekangan

Mengapa Apa yang Anda Tolak Sama Pentingnya dengan Apa yang Anda Pilih

Kitab Suci Fokus Utama

- **Titus 2:11–12** — *Rahmat mengajar kita untuk berkata "Tidak" kepada kefasikan…*
- **Amsal 25:28** — *Orang yang tidak dapat mengawal dirinya seperti kota yang temboknya dirobohkan.*
- **1 Korintus 6:12** — *Kamu berkata, "Aku berhak melakukan apa sahaja," tetapi bukan semuanya berguna.*

Bacaan Kitab Suci (Baca Perlahan-lahan)
"Rahmat Tuhan... mengajar kita untuk berkata 'Tidak.'"
— Titus 2:12
Jeda.
Perhatikan bahawa kekangan bukanlah undang-undang—ia **dilatih dengan penuh rahmat** .

Renungan Renungan
Kebanyakan ketaatan tidak kelihatan.
Kita sering mengaitkan ketaatan dengan tindakan—bercakap, melayani, memilih, bergerak. Kitab Suci mendedahkan satu lagi bentuk yang lebih senyap dan sama formatifnya: **pengekangan** . Ketaatan kadangkala dinyatakan bukan melalui apa yang kita kejar, tetapi melalui apa yang kita tolak.
Kekangan melindungi pembentukan.
Tidak semua yang dibenarkan adalah bermanfaat. Tidak semua peluang selaras. Tidak setiap dorongan hati patut diluahkan. Rahmat mengajar kita kebijaksanaan—

kebijaksanaan untuk berkata tidak tanpa rasa takut dan tanpa keangkuhan.

Kepatuhan jenis ini jarang sekali mendapat penegasan. Tiada siapa yang memuji apa yang anda tidak katakan, hujah yang anda tidak tingkatkan, peluang yang anda tolak, dorongan yang anda kawal. Namun detik-detik ini membentuk watak secara mendalam.

Hari ke-34 mengajak anda untuk mengenali kekangan sebagai kematangan rohani.

Kekangan bukanlah kelemahan.

Ia adalah kekuatan di bawah kawalan.

Ia mencerminkan kehidupan yang tidak lagi dikawal oleh dorongan atau tekanan, tetapi oleh penyelarasan. Apabila kepatuhan telah menetap secara mendalam, kawalan diri menjadi semula jadi—bukan dipaksa. Kita belajar untuk berhenti sejenak, membezakan, dan memilih untuk berdiam diri atau menolak apabila penyelarasan memerlukannya.

Apa yang kau tolak mendedahkan apa yang menguasai dirimu.

Seseorang yang tidak dapat berkata tidak adalah tidak bebas.

Seseorang yang dilatih oleh rahmat tahu bila kawalan diri melindungi kedamaian, integriti, dan kasih sayang. Ketaatan jenis ini menjaga kehidupan batin dan memelihara buah yang telah terbentuk.

Pemeriksaan Jantung

Duduklah dengan soalan-soalan ini dengan tenang.

1. **Di manakah anda mendapati paling sukar untuk mengamalkan kawalan diri—pertuturan, reaksi, keinginan, peluang?**
2. **Apakah ketakutan yang timbul apabila anda mempertimbangkan untuk berkata tidak?**
3. **Bagaimanakah pengekangan dapat berfungsi sebagai penjajaran dan bukannya mengehadkannya?**

Amalan Hari Ini (Kekangan Sengaja)

Amalan hari ini adalah **pilihan yang tidak** .

Beri perhatian **seketika hari ini** apabila anda merasakan keinginan untuk bertindak balas, segera bertindak balas, atau berkata ya secara automatik.
Jeda.
Pilihlah cara untuk menahan diri.
Ia mungkin kesunyian.
Ia mungkin kelewatan. Ia mungkin penolakan.
Biarkan penjajaran memimpin.

Doa
Bapa,
ajarlah aku ketaatan yang merangkumi pengendalian diri. Bantulah aku mengenali apabila berkata tidak, melindungi apa yang Engkau bentuk dalam diriku. Latih keinginanku melalui rahmat, dan berikanlah aku kebijaksanaan untuk memilih penyelarasan daripada dorongan hati. Aku percaya kepada - Mu dengan apa yang aku lepaskan.
Amin.

Perisytiharan
Sebutkan ini dengan kuat:
Rahmat Tuhan melatih pengendalian diriku.
Aku tidak dikuasai oleh dorongan hati. Ketaatan membentuk apa yang aku tolak serta apa yang aku pilih. Aku bertindak dengan kebijaksanaan dan kawalan diri. Hidupku dijaga oleh keselarasan.

Komitmen terhadap Kepatuhan
Hari ini, saya komited kepada **kawalan diri yang penuh dengan rahmat** .
Saya memilih penjajaran berbanding impuls dan kebijaksanaan berbanding reaksi.

Orientasi Penutup
Kekangan melindungi pembentukan.

Esok, kita akan meneroka **bagaimana kepatuhan diungkapkan melalui pengampunan—terutamanya apabila ia memerlukan sesuatu** .

HARI TIGA PULUH LIMA

Kos Pengampunan

Mengapa Ketaatan Kadangkala Memerlukan Melepaskan Tanpa Keazaman

Kitab Suci Fokus Utama

- **Matius 18:21–22** — *Berapa kali Aku harus mengampuni?*
- **Efesus 4:31–32** — *Dan ampunilah satu sama lain, sama seperti Allah dalam Kristus telah mengampuni kamu.*
- **Roma 12:19** — *Janganlah kamu sendiri menuntut balas…*

Bacaan Kitab Suci (Baca Perlahan-lahan)

"Ampunilah kamu, seperti Tuhan telah mengampuni kamu."
— Efesus 4:32
Berhenti sejenak.
Perhatikan piawaiannya—bukan keadilan, tetapi Kristus.

Renungan Renungan

Pengampunan adalah salah satu tindakan ketaatan yang paling disalahertikan.
Kita sering menganggap pengampunan sebagai penyelesaian emosi—menunggu sehingga kesakitan reda, kepercayaan dipulihkan, atau keadilan terasa lengkap. Kitab Suci mentakrifkan pengampunan secara berbeza. Pengampunan adalah tindakan ketaatan yang **melepaskan hak untuk mengawal hasil** .
Pengampunan tidak menafikan bahaya.
Ia tidak memaafkan ketidakadilan. Ia tidak memerlukan perdamaian.
Ia melepaskan pemilikan penghakiman.
Ini menjadikan pengampunan itu mahal.

Memaafkan bermaksud melepaskan pengaruh. Memaafkan bermaksud menolak untuk menjadikan ingatan sebagai senjata. Memaafkan bermaksud mempercayai Tuhan dengan apa yang kita tidak dapat selesaikan sendiri. Ketaatan jenis ini tidak terasa membebaskan pada mulanya—ia terasa seperti kehilangan.

Namun Kitab Suci menegaskan bahawa ia adalah jalan menuju kebebasan.

Hari ke-35 mengajak anda untuk melihat pengampunan bukan sebagai sesuatu yang anda rasa bersedia untuknya, tetapi sebagai sesuatu yang anda mungkin dipanggil untuk **memilih** . Pengampunan bukanlah persetujuan dengan apa yang telah berlaku. Ia adalah penjajaran dengan watak Tuhan dalam menghadapi apa yang telah berlaku.

Ketaatan di sini sunyi dan tidak kelihatan.

Tiada siapa yang memuji kemaafan apabila ia mengorbankan maruah, kebanggaan, atau ilusi kawalan. Namun di sinilah pembentukan menjadi lebih mendalam. Kemaafan memutuskan kitaran kebencian yang tidak dapat dicapai oleh kepatuhan di tempat lain.

Memaafkan bukanlah melupakan.

Ia adalah menyerahkan hak untuk membalas dendam.

Ketaatan ini sering diulang—bukan sekali, tetapi berkali-kali. Pengampunan mungkin perlu dipilih berulang kali, terutamanya apabila ingatan muncul semula. Setiap pilihan melepaskan sedikit lebih kawalan dan mengembalikan sedikit lebih kedamaian.

Pemeriksaan Jantung

Duduklah dengan soalan-soalan ini dengan tenang.

1. **Di manakah anda menyamakan pengampunan dengan kesediaan emosi?**
2. **Siapa atau apa yang mungkin Tuhan minta anda lepaskan—bukan selesaikan—sekarang?**
3. **Apakah kawalan yang anda pegang sehingga pengampunan memerlukan anda untuk menyerah kalah?**

Amalan Hari Ini (Pelepasan Tanpa Resolusi)
Amalan hari ini adalah **pelepasan yang disengajakan** .
Bawalah **satu kesalahan yang belum diselesaikan** ke hadapan Tuhan—kecil atau besar.
Doakan ini dengan ikhlas:
"Tuhan, aku melepaskan hakku untuk mengawal ini."
Jangan paksa perasaan.
Jangan tergesa-gesa untuk mencapai kedamaian.
Lepaskan sahaja.

Doa
Bapa,
Engkau melihat betapa beratnya pengorbanan. Engkau tahu di mana ketaatan terasa berat. Ajarlah aku untuk melepaskan kawalan tanpa kepahitan dan mempercayai-Mu dengan apa yang tidak dapat kuperbaiki. Aku memilih pengampunan sebagai penyelarasan, bukan sebagai penafian. Amin.

Perisytiharan
Sebutkan ini dengan kuat:
Aku mengampuni seperti Kristus mengampuni aku. Ketaatan melepaskan kawalan. Aku menolak kepahitan dan pembalasan. Tuhan adalah pembela dan hakimku. Aku berjalan dalam kebebasan melalui pengampunan.

Komitmen terhadap Kepatuhan
Hari ini, saya komited untuk **memaafkan dengan patuh** . Saya melepaskan hak saya untuk mengawal hasil dan mempercayai Tuhan dengan keadilan dan penyembuhan.

Orientasi Penutup
Pengampunan membebaskan jiwa.
Esok, kita akan meneroka **bagaimana kepatuhan dizahirkan melalui kerendahan hati—terutamanya apabila keangkuhan terasa wajar** .

HARI TIGA PULUH ENAM

Ketaatan Kerendahan Hati

Mengapa Melepaskan Kebanggaan Melindungi Pembentukan

Kitab Suci Fokus Utama

- **Filipi 2:5–8** — *Ia telah merendahkan diri-Nya dan taat sampai mati…*
- **Yakobus 4:6** — *Tuhan menentang orang yang congkak tetapi mengasihani orang yang rendah hati.*
- **Amsal 11:2** — *Apabila keangkuhan datang, datanglah juga kecelaan, tetapi hikmat datang bersama kerendahan hati.*

Bacaan Kitab Suci (Baca Perlahan-lahan)

"Ia merendahkan diri-Nya
dengan taat..."
— Filipi 2:8
Berhenti sebentar.
Perhatikan bahawa kerendahan hati itu **dipilih** , bukan diandaikan.

Renungan Renungan

Kerendahan hati sering disalahertikan sebagai memandang rendah diri sendiri.
Kitab Suci mendefinisikan kerendahan hati secara berbeza.
Kerendahan hati bukanlah penghapusan diri; ia adalah **kebebasan daripada perlindungan diri** . Ia adalah ketaatan yang tidak lagi perlu ditegaskan, dipertahankan, atau dikuasai untuk berasa selamat.
Keangkuhan menentang ketaatan secara halus.
Ia tidak selalunya kelihatan sombong. Selalunya ia muncul sebagai pembenaran— *Saya berhak menerima ini* , *saya betul* ,

Mereka sepatutnya lebih tahu . Keangkuhan berkeras untuk dilihat, disahkan, atau terbukti betul. Kerendahan hati melepaskan tuntutan itu.

Ini mahal.

Kerendahan hati meminta kita untuk melepaskan hak untuk difahami, dipuji, atau dibenarkan. Ia tidak menafikan kebenaran; ia mempercayai Tuhan dengan pembelaannya. Sikap ini terasa berisiko kerana ia menghapuskan strategi kawalan kita yang biasa.

Namun Kitab Suci jelas: kerendahan hati menarik rahmat. Di mana keangkuhan menekan kepatuhan, kerendahan hati menguatkannya. Ia mewujudkan ruang untuk pembetulan tanpa keruntuhan, untuk khidmat tanpa dendam, untuk kepatuhan tanpa prestasi.

Hari ke-36 mengajak anda untuk meneliti di mana keangkuhan mungkin secara senyap-senyap menentang pembentukan.

Keangkuhan sering tersembunyi di sebalik kecekapan. Kerendahan hati terletak pada keselarasan.

Yesus tidak merendahkan diri-Nya kerana Dia lemah. Dia merendahkan diri kerana Dia selamat. Ketaatan-Nya mengalir dari identiti, bukan rasa tidak selamat. Inilah kerendahan hati yang Kitab Suci seru kita ke arahnya—bukan mengundur diri, tetapi melepaskan rasa penting diri.

Kerendahan hati tidak merendahkan anda.

Ia membebaskan anda.

Pemeriksaan Jantung

Duduklah dengan soalan-soalan ini dengan tenang.

1. **Di manakah anda paling rasa tergoda untuk mempertahankan diri atau membuktikan nilai anda?**
2. **Situasi apakah yang mencetuskan keangkuhan yang menyamar sebagai pembenaran?**
3. **Bagaimanakah kerendahan hati dapat melindungi kepatuhan pada musim anda sekarang?**

Amalan Hari Ini (Kerendahan Hati Terpilih)
Amalan hari ini ialah **penjajaran yang tidak ditegaskan** . Perhatikan **satu saat hari ini** di mana anda merasakan keinginan untuk:

- Betulkan seseorang
- Pertahankan kedudukan anda
- Pastikan anda dilihat atau diberi penghargaan

Berhenti seketika.
Pilihlah kerendahan hati.
Kamu boleh berdiam diri.
Kamu boleh membiarkan Tuhan mempertahankan kebenaran pada waktunya.

Doa
Bapa,
ajarlah aku kerendahan hati yang melepaskan kawalan. Bebaskan aku daripada keperluan untuk mempertahankan diri dan bantulah aku mempercayai -Mu dengan reputasiku. Bentuklah dalam diriku kerendahan hati Kristus—aman, taat, dan bebas. Aku memilih untuk menyelaraskan diri daripada kesombongan. Amin.

Perisytiharan
Sebutkan ini dengan kuat:
Aku berjalan dalam kerendahan hati Kristus.
Ketaatan melepaskan keperluan saya untuk mempertahankan diri. Tuhan menentang keangkuhan dan memberikan rahmat kepada orang yang rendah hati. Aku mempercayai Tuhan dengan reputasiku. Kerendahan hati menguatkan ketaatanku.

Komitmen terhadap Kepatuhan
Hari ini, aku berkomitmen untuk **ketaatan yang rendah hati** .

Aku melepaskan keangkuhan, pembenaran, dan perlindungan diri serta memilih penjajaran yang berakar umbi dalam kepercayaan.

Orientasi Penutup
Kerendahan hati melindungi pembentukan.
Esok, kita akan meneroka **bagaimana ketaatan dizahirkan melalui ketabahan—apabila ketaatan terasa lama dan tidak kelihatan** .

HARI TIGA PULUH TUJUH

Apabila Ketaatan Mesti Bertahan

Mengapa Ketabahan Merupakan Tanda Kematangan yang Senyap

Kitab Suci Fokus Utama

- **Ibrani 10:36** — *Kamu perlu bertekun supaya apabila kamu telah melakukan kehendak Allah, kamu akan menerima apa yang dijanjikan-Nya.*
- **Yakobus 5:7–8** — *Bersabarlah... kuatkanlah hatimu.*
- **Galatia 6:9** — *Janganlah kita jemu-jemu berbuat baik...*

Bacaan Kitab Suci (Baca Perlahan-lahan)
"Kamu perlu bertekun
supaya apabila kamu telah melakukan kehendak Allah, kamu akan menerima apa yang dijanjikan-Nya."
— Ibrani 10:36
Berhenti sejenak.
Perhatikan bahawa ketabahan mengikuti ketaatan—bukan sebelumnya.

Renungan Renungan
Sesetengah bentuk ketaatan adalah singkat.
Yang lain memerlukan **daya tahan** .
Ketabahan adalah ketaatan yang diperpanjang dari semasa ke semasa—kesetiaan yang berterusan tanpa ganjaran yang dapat dilihat, peneguhan emosi, atau pengesahan luaran. Ia adalah salah satu tanda kematangan rohani yang paling jelas, kerana ia jarang berlaku secara dramatik.
Kebanyakan orang boleh taat seketika.
Hanya sedikit yang belajar untuk kekal setia secara konsisten.
Ketabahan menguji motif.

Apabila ketaatan digerakkan oleh sesuatu yang baharu, momentum akan membawanya seketika. Apabila sesuatu yang baharu pudar dan momentum menjadi perlahan , ketabahan mendedahkan sama ada ketaatan berakar umbi dalam keselarasan atau emosi. Di sinilah ramai orang percaya melepaskan diri secara senyap—bukan melalui pemberontakan, tetapi melalui keletihan.

Kitab Suci berbicara langsung kepada saat ini: *Janganlah jemu-jemu berbuat baik.*

Keletihan tidak bermakna ketaatan itu salah.

Ia selalunya bermaksud ketaatan telah lama berlaku.

Hari ke-37 mengajak anda untuk menghormati kesetiaan yang terasa biasa dan tidak kelihatan. Tuhan tidak mengukur ketaatan hanya dengan intensiti. Dia menghormati ketahanan—kesediaan untuk kekal selaras apabila perjalanan terasa berulang atau sunyi.

Ketabahan bukanlah kedegilan.

Ia adalah kepercayaan yang dipanjangkan dari semasa ke semasa.

Ia mengatakan: *Saya akan teruskan walaupun kejelasan tertangguh.*

Saya akan tetap setia walaupun tiada penegasan.

Saya akan mempercayai janji-janji Tuhan tanpa memerlukan bukti segera.

Ketaatan jenis ini membentuk kedalaman.

Apa yang dibentuk oleh ketabahan tidak boleh tergesa-gesa.

Ia menstabilkan watak, menambat harapan, dan melindungi ketaatan daripada keruntuhan apabila keadaan berubah.

Pemeriksaan Jantung

Duduklah dengan soalan-soalan ini dengan tenang.

1. **Di manakah anda rasa letih dalam ketaatan anda sekarang?**
2. **Apakah yang menggoda anda untuk melepaskan diri—bukan dengan kuat, tetapi dengan senyap?**
3. **Bagaimanakah ketekunan itu sendiri mungkin merupakan pekerjaan yang sedang dilakukan oleh Tuhan pada musim ini?**

Amalan Hari Ini (Kesetiaan Berkekalan)
Amalan hari ini adalah **ketaatan yang berterusan** .
Pilih **satu tindakan ketaatan** yang telah anda praktikkan dengan setia—walaupun ia terasa berulang-ulang atau tidak disedari.
Lakukannya lagi hari ini.
Bukan dengan semangat.
Dengan keazaman.

Doa
Bapa,
kuatkan aku di tempat yang terasa lama untuk taat. Lindungi aku daripada keletihan yang diam-diam menarik aku pergi. Bantu aku tetap setia apabila hasilnya tertangguh dan galakan sukar didapati. Aku percaya bahawa Engkau melihat apa yang tidak kelihatan dan menghormati apa yang kekal. Amin.

Perisytiharan
Sebutkan ini dengan kuat:
Aku bertekun dalam ketaatan.
Tuhan menguatkan aku ketika kesetiaan terasa panjang. Aku tidak jemu-jemu berbuat baik. Ketabahanku sedang membentuk kematangan. Aku tetap selaras sehingga Tuhan menyelesaikan pekerjaan-Nya.

Komitmen terhadap Kepatuhan
Hari ini, saya komited untuk **ketaatan yang berkekalan** .
Saya memilih kesetiaan daripada keletihan dan mempercayai Tuhan dengan masa buah yang akan datang.

Orientasi Penutup
Ketabahan membawa ketaatan
di mana emosi tidak dapat melakukannya.
Esok, kita akan meneroka **bagaimana ketaatan membentuk semula hubungan kita dengan harapan untuk orang lain—bukan hanya untuk diri kita sendiri** .

HARI TIGA PULUH LAPAN

Ketaatan Yang Membawa Orang Lain

Mengapa Pembentukan Sentiasa Berkembang Melangkaui Anda

Kitab Suci Fokus Utama

- **Galatia 6:2** — *Pikullah bebanmu satu sama lain, dan dengan demikian kamu akan memenuhi hukum Kristus.*
- **Roma 15:1** — *Kita yang kuat harus menanggung kelemahan orang yang lemah.*
- **Kolose 1:9–10** — *Kami sentiasa meminta agar Tuhan memenuhi kamu dengan pengetahuan tentang kehendak-Nya...*

Bacaan Kitab Suci (Baca Perlahan-lahan)
"Pikullah bebanmu seorang akan yang lain,
dan dengan demikian kamu akan memenuhi hukum Kristus."
— Galatia 6:2
Jeda.
Perhatikan bahawa kematangan dizahirkan melalui **tanggungjawab terhadap orang lain** .

Renungan Renungan
Pembentukan tidak pernah bertujuan untuk berakhir dalam diri.
Apabila ketaatan semakin matang, hala tujunya berubah. Apa yang bermula sebagai penyelarasan peribadi berkembang menjadi keprihatinan, kesabaran, doa, dan daya tahan **untuk orang lain** . Ini bukan kerana orang lain menjadi tanggungjawab kita untuk memperbaikinya, tetapi kerana kasih sayang membentuk semula sikap kita terhadap mereka.

Ketaatan yang kekal di dalam diri akhirnya akan terbantut.
Ketaatan yang beralih ke luaran akan berlipat ganda.
Hari ke-38 mengajak anda untuk mengenali perubahan yang senyap: ketika Tuhan meneguhkan hidup anda, Dia juga memperluas kemampuan anda untuk mendukung orang lain—bukan dengan penyelesaian, tetapi dengan kehadiran.
Bukan dengan kawalan, tetapi dengan belas kasihan.
Memikul orang lain tidak bermaksud menanggung beban mereka.
Ia bermaksud berjalan di sisi mereka dengan setia.
Ketaatan jenis ini bersifat sabar. Ia menentang penghakiman.
Ia tidak tergesa-gesa untuk berkembang atau menuntut perubahan. Ia percaya bahawa Tuhan sedang bekerja dalam diri orang lain sama seperti Dia telah bekerja dalam diri anda—selalunya secara perlahan, selalunya secara tidak kelihatan.
Ketaatan yang matang mewujudkan ruang.
Ruang untuk orang ramai berjuang tanpa diabaikan.
Ruang untuk kelemahan tanpa kecaman. Ruang untuk harapan berkembang tanpa tekanan.
Inilah sebabnya Kitab Suci menghubungkan ketaatan dengan doa untuk orang lain. Syafaat adalah ketaatan yang diungkapkan melalui kasih. Ia mengakui bahawa transformasi adalah milik Tuhan, bukan kita.
Hari ke-38 mengalihkan soalan daripada *"Bagaimanakah saya dibentuk?"* kepada
"Siapakah yang mungkin Tuhan jemput saya untuk pikul dengan rahmat?"

Pemeriksaan Jantung

Duduklah dengan soalan-soalan ini dengan tenang.

1. **Siapakah yang terlintas di fikiran anda apabila anda memikirkan seseorang yang memerlukan kesabaran atau doa?**
2. **Di manakah anda pernah tergoda untuk menarik diri daripada membawa orang lain?**

3. **Bagaimanakah ketaatan dapat dizahirkan melalui belas kasihan dan bukannya pembetulan?**

Amalan Hari Ini (Ketaatan Syafaat)
Amalan hari ini adalah **doa yang disengajakan untuk orang lain** .
Pilih **seorang** —seseorang yang sedang bergelut, berjauhan, atau sukar.
Doakan mereka **tanpa agenda** :

- Bukan untuk perubahan
- Bukan untuk penyelesaian
- Hanya untuk kehadiran dan rahmat Tuhan dalam hidup mereka

Bawa mereka dengan senyap hari ini.

Doa
Bapa,
terima kasih kerana meluaskan ketaatanku melebihi diriku sendiri. Ajarlah aku untuk memikul orang lain dengan rendah hati dan penuh rahmat. Bebaskan aku daripada penghakiman dan kawalan dan bentuklah belas kasihan yang mencerminkan hati-Mu. Aku percaya Engkau akan bekerja dalam diri orang lain seperti Engkau telah bekerja dalam diriku.
Amin.

Perisytiharan
Sebutkan ini dengan kuat:
Ketaatan saya membawa belas kasihan kepada orang lain. Saya menanggung beban dengan sabar dan rahmat. Tuhan bekerja melalui doa dan kehadiran saya. Saya berjalan bersama orang lain tanpa penghakiman. Kasih sayang mengembangkan apa yang telah dibentuk oleh ketaatan.

Komitmen terhadap Kepatuhan
Hari ini, saya komited untuk **ketaatan yang menghadap ke luar** .

Saya memilih belas kasihan daripada menarik diri dan doa daripada mengawal diri.

Orientasi Penutup

Ketaatan akan meluas apabila ia matang.
Esok, kita akan meneroka **bagaimana ketaatan mempersiapkan kita untuk melepaskan kawalan sepenuhnya—ke dalam tangan Tuhan** .

HARI TIGA PULUH SEMBILAN

Ketaatan Pembebasan

Apabila Iman Menyerahkan Hasilnya Sepenuhnya ke Tangan Tuhan

Kitab Suci Fokus Utama

- **Mazmur 37:5** — *Serahkanlah hidupmu kepada Tuhan; percayalah kepada-Nya, dan Ia akan bertindak.*
- **Matius 16:24–25** — *Barangsiapa kehilangan nyawanya untuk Aku, ia akan memperolehnya.*
- **1 Petrus 5:6–7** — *Rendahkanlah dirimu... serahkanlah segala kekuatiranmu kepada-Nya.*

Bacaan Kitab Suci (Baca Perlahan-lahan)

"Serahkanlah hidupmu kepada Tuhan;
percayalah kepada-Nya, dan Ia akan bertindak."
— Mazmur 37:5
Jeda.
Perhatikan urutannya: **commit → trust → release** .

Renungan Renungan

Kebanyakan ketaatan adalah tentang memilih.
Hari ke-39 adalah tentang **melepaskan** .
Akan tiba satu titik dalam pembentukan di mana usaha tidak lagi memperdalam keselarasan. Berusaha lebih keras tidak menghasilkan kedamaian. Mendorong lebih jauh tidak membawa kejelasan. Kepatuhan mencapai kematangannya apabila ia belajar bagaimana untuk **melepaskan** .
Pelepasan bukanlah pengabaian.
Ia adalah kepercayaan tanpa pengaruh.

Kita sering patuh sambil menguruskan hasil secara senyap—dengan harapan dapat mempengaruhi hasil, garis masa atau respons. Kita mengikuti Tuhan, tetapi mengawalnya dengan sebelah tangan. Hari ke-39 mengajak anda untuk memerhatikan apa yang masih anda pegang.

Pelepasan adalah salah satu bentuk ketaatan yang paling sukar kerana ia menghilangkan jaring keselamatan terakhir kita.

Ini bermakna mempercayai Tuhan bukan sahaja dengan arahan, tetapi juga dengan akibatnya. Ini bermakna melepaskan keperluan untuk memahami bagaimana ketaatan akan diberi ganjaran atau pengiktirafan. Ini bermakna berehat dalam kesetiaan walaupun hasilnya masih belum kelihatan.

Pelepasan tidak bermaksud kepasifan.

Ia bermaksud melepaskan pemilikan hasil.

Sikap ini mencerminkan kematangan yang mendalam. Ia menggemakan doa Kristus sendiri: *"Bukan kehendak-Ku, tetapi kehendak-Mulah yang terjadi."* Ketaatan memuncak bukan dengan kepastian, tetapi dengan penyerahan diri.

Hari ke-39 menanyakan soalan yang lembut tetapi menusuk: *Bolehkah anda patuh tanpa perlu tahu apa yang akan berlaku seterusnya?*

Di sinilah kedamaian mula menetap—bukan kerana semuanya telah diselesaikan, tetapi kerana kepercayaan telah menggantikan kawalan. Pelepasan membolehkan Tuhan bekerja tanpa gangguan. Ia mewujudkan ruang untuk rahmat bergerak bebas.

Pemeriksaan Jantung

Duduklah dengan soalan-soalan ini dengan tenang.

1. **Apakah hasil yang masih anda cuba atasi?**
2. **Di manakah anda berasa bimbang tentang apa yang mungkin berlaku atau terhasil daripada kepatuhan?**
3. **Bagaimana rasanya jika menyerahkan sepenuhnya perkara ini ke dalam tangan Tuhan?**

Amalan Hari Ini (Pelepasan Sengaja)

Amalan hari ini **dinamakan penyerahan diri** .
Kenal pasti **satu kebimbangan, hasil atau soalan masa hadapan khusus** yang anda sedang fikirkan.
Namakannya di hadapan Tuhan.
Kemudian berdoalah:
"Tuhan, aku serahkan semua ini kepada-Mu.
Aku percayakan kepada-Mu hasilnya."
Jangan ulanginya semula hari ini.

Doa

Bapa,
ajarlah aku ketaatan yang tahu bila harus melepaskan.
Bebaskan aku daripada menguruskan apa yang menjadi milik-Mu. Bantulah aku mempercayai -Mu melampaui pemahaman, melampaui garis masa, melampaui hasil. Aku menyerahkan hidupku, masa depanku, dan kesetiaanku ke dalam tangan-Mu. Amin.

Perisytiharan

Sebutkan ini dengan kuat:
Aku melepaskan kawalan dan mempercayai Tuhan sepenuhnya.
Ketaatan tidak memerlukan pemilikan terhadap hasilnya.
Tuhan setia dengan apa yang aku serahkan. Aku berjalan dalam damai, bukan kegelisahan. Hidupku terletak di tangan Tuhan.

Komitmen terhadap Kepatuhan

Hari ini, saya komited untuk **melepaskan diri dengan patuh** .
Saya meletakkan hasil, masa, dan hasilnya dalam jagaan Tuhan.

Orientasi Penutup

Esok bukanlah satu kesimpulan.
Ia adalah satu **pentauliahan** .

Hari ke-40 tidak akan meminta anda berbuat lebih banyak. Ia akan mengajak anda untuk **hidup daripada apa yang telah terbentuk** .

HARI KEEMPAT PULUH

Dikirim sebagai Surat Hidup

Apabila Pembentukan Menjadi Saksi

Kitab Suci Fokus Utama

- **2 Korintus 3:2–3** — *Kamu adalah surat daripada Kristus… yang ditulis oleh Roh Allah yang hidup.*
- **Matius 5:16** — *Biarlah terangmu bercahaya di hadapan orang lain…*
- **Yohanes 20:21** — *Sama seperti Bapa telah mengutus Aku, demikian juga Aku akan mengutus kamu.*

Bacaan Kitab Suci (Baca Perlahan-lahan)

"Kamulah surat kami,
yang tertulis di hati kami, yang dikenal dan dibaca oleh semua orang."
— 2 Korintus 3:2
Jeda.
Perhatikan bahawa surat itu **tidak dimeteraikan** .
Ia **dibaca setiap hari** .

Renungan Renungan

Ini bukanlah pengakhirannya.
Ia adalah titik di mana membaca menjadi hidup.
Selama empat puluh hari, engkau telah membiarkan kebenaran berhadapan, menyelaraskan, menghalusi, dan membebaskanmu. Engkau telah meneliti ketaatan bukan sebagai prestasi, tetapi sebagai sikap. Engkau telah melihat bahawa iman matang melalui pengekangan, pengampunan, kerendahan hati, ketabahan, belas kasihan, dan penyerahan diri.
Sekarang tiba soalan senyap yang selalu ditanya oleh Kitab Suci terakhir:
Apa yang akan dibaca dalam hidup anda seterusnya?

Tuhan tidak menyelesaikan pekerjaan-Nya dalam dirimu dengan menutup sebuah buku.
Dia menyelesaikannya dengan **mengembalikanmu ke kehidupan biasa—berubah** .
Surat yang hidup tidak ditulis untuk kekaguman.
Ia ditulis untuk kesaksian.
Nada bicaramu.
Kesabaranmu di bawah tekanan. Kawalan dirimu apabila diprovokasi. Pengampunanmu apabila dianiaya. Kesetiaanmu apabila tidak kelihatan.
Inilah halaman-halaman yang dibaca oleh dunia.
Anda tidak ditugaskan untuk menjelaskan Kristus secara menyeluruh.
Anda ditugaskan untuk **menjelmakan-Nya dengan setia** .
Ini tidak memerlukan platform.
Ia memerlukan penjajaran.
Roh Kudus menulis melalui kehidupan yang diserahkan dari semasa ke semasa. Melalui konsistensi, lebih daripada intensiti. Melalui ketaatan, lebih daripada artikulasi. Melalui kasih sayang yang tetap teguh meskipun keadaan berubah-ubah.
Hari ke-40 tidak menghantar anda keluar dengan tergesa-gesa.
Ia menghantar anda keluar dengan **kejelasan** .
Anda tidak akan menjadi sesuatu yang baharu esok.
Anda meneruskan apa yang telah bermula.

Pemeriksaan Jantung Akhir

Duduk dengan soalan-soalan ini perlahan-lahan.

1. **Apa yang telah berubah dalam dirimu selama empat puluh hari ini?**
2. **Di manakah anda merasakan Tuhan mengajak anda untuk hidup dengan lebih penuh perhatian?**
3. **Bahagian manakah dalam kehidupan biasa anda yang kini terasa baharu dan penting?**

Amalan Hari Ini (Kehidupan Bertauliah)

Amalan hari ini adalah **perwujudan yang disengajakan** .

Pilih satu postur mudah untuk dibawa ke hadapan:

- perhatian
- kekangan
- kesabaran
- kerendahan hati
- kesetiaan

Jangan umumkannya.
Jangan ukurnya.
Jalani sahaja.

Doa Pentauliahan
Bapa,
terima kasih atas pekerjaan yang telah Engkau lakukan dalam diriku. Aku mempersembahkan hidupku kepada-Mu—bukan sebagai persembahan, tetapi sebagai saksi hidup akan rahmat-Mu. Utuslah aku ke tempat-tempat biasa dengan kesetiaan yang tenang. Biarlah hidupku mencerminkan Kristus dengan jelas, konsisten, dan jujur. Aku menerima utusan-Mu. Amin.

Perisytiharan Akhir
Sebutkan ini dengan kuat.
Aku adalah surat Kristus yang hidup.
Roh Tuhan menulis melalui ketaatanku. Aku hidup dengan kejelasan, kesetiaan, dan kerendahan hati. Hidupku memberi kesaksian tentang kebenaran. Aku diutus.

Komitmen Akhir
Aku berkomitmen untuk **menjalani apa yang telah terbentuk** .
Aku tidak akan tergesa-gesa melampaui ketaatan atau mengurangkan iman kepada idea-idea. Aku mempersembahkan hidupku sebagai saksi Kristus yang mudah dibaca.

Kata Penutup
Anda belum menyelesaikan program.
Anda telah memasuki satu postur.

Baca perlahan-lahan.
Patuh dengan senyap. Hidup dengan jelas.
Dunia sedang membaca.
— *Surat-surat Hidup*

KESIMPULAN

Apabila Pembacaan Tamat, Penulisan Berterusan

Buku ini tidak pernah ditakdirkan untuk disiapkan seperti biasa.

Ia bertujuan untuk **menyelesaikan sesuatu dalam diri anda** —dan kemudian memulakan sesuatu melalui anda.

Anda bukan sekadar menjalani empat puluh hari refleksi.

Anda telah dijemput ke dalam satu postur: satu cara untuk melihat kepatuhan bukan sebagai kewajipan, tetapi sebagai penyelarasan; bukan sebagai prestasi, tetapi sebagai pembentukan; bukan sebagai maklumat, tetapi sebagai penjelmaan.

Daripada kehidupan dan kesaksian C.S. Lewis, anda telah melihat bahawa kepercayaan sahaja tidak mengubah seseorang. Pemahaman tidak secara automatik menghasilkan ketaatan. Malah keikhlasan tidak menggantikan penyerahan diri. Transformasi berlaku apabila kebenaran bergerak dari minda ke dalam kehendak—dan dari kehendak ke dalam kehidupan seharian.

Inilah keajaiban pembentukan yang senyap.

Anda telah menelusuri perjalanan dari keengganan kepada mengalah, dari kekaguman kepada ketaatan, dari pergelutan batin kepada kesaksian lahiriah. Sepanjang perjalanan, anda telah menemui soalan-soalan yang tidak dapat dijawab dengan cepat, amalan yang memerlukan kawalan diri, dan saat-saat yang meminta anda untuk percaya tanpa kawalan.

Itu disengajakan.

Kerana Tuhan tidak menulis karya-Nya yang paling jelas dengan pantas.

Dia menulis melalui kesetiaan.

Sebuah surat yang hidup tidak dihasilkan dalam sekelip mata. Ia ditulis baris demi baris—melalui ketaatan berulang, penyerahan diri yang senyap, ketabahan yang tidak kelihatan, dan kasih sayang yang diamalkan di ruang biasa. Ia dibaca bukan oleh mereka yang mengagumi kita, tetapi oleh mereka yang hidup bersama kita.
Hidupmu kini adalah teksnya.
Bukan yang sempurna.
Bukan yang selesai. Tetapi yang benar.
Anda tidak dihantar sebagai pakar.
Anda dihantar sebagai saksi.
Anda tidak ditugaskan untuk menjelaskan segala-galanya.
Anda ditugaskan untuk **hidup dengan jelas** .
Roh Tuhan terus menulis—bukan dengan dakwat, bukan dengan perdebatan, bukan dengan hingar-bingar—tetapi melalui tindak balas anda di bawah tekanan, kawalan diri anda apabila diprovokasi, pengampunan anda apabila dianiaya, kerendahan hati anda apabila tidak kelihatan, dan kesetiaan anda apabila ketaatan terasa lama.
Beginilah cara Kristus dijadikan kelihatan.
Semasa anda menutup buku ini, lawanlah godaan untuk terus maju terlalu cepat. Jangan cari program seterusnya, suara seterusnya, atau wawasan seterusnya untuk menggantikan apa yang telah bermula. Biarkan apa yang telah terbentuk berakar umbi. Biarkan ketaatan menjadi kebiasaan. Biarkan kesetiaan menjadi biasa dan stabil.
Baca perlahan-lahan.
Patuh dengan senyap. Hidup dengan jelas.
Dunia masih membaca.
Dan Penulis masih menulis.

PANGGILAN UNTUK BERTINDAK

Perkongsian untuk Hasil Tuaian

Semasa anda menutup buku ini, kami menjemput anda untuk meneruskan perjalanan ini selangkah lebih maju—bukan sahaja dalam kehidupan anda sendiri, tetapi juga dalam kehidupan ramai jiwa di seluruh negara.

Jika pesanan daripada God's Eagle Ministries (GEM) telah menguatkan, menyedarkan, atau menyelaraskan semula hati anda, kami dengan rendah hati meminta anda untuk mempertimbangkan dengan penuh doa untuk **bekerjasama dengan kami demi tuaian** . Dunia dahagakan kebenaran, harapan, dan suara Roh Kudus yang lembut namun tidak dapat disangkal, dan bersama-sama kita dapat meletakkan pesanan ini di tempat yang paling diperlukan.

Kami percaya media lebih daripada sekadar teknologi—ia adalah **jaring rohani** yang dicampakkan jauh ke dalam negara, kampung, bandar dan tempat tersembunyi. Melalui filem, video, radio dan pelayanan digital, GEM menjangkau orang yang mungkin tidak pernah memasuki gereja, tetapi hati mereka terbuka luas untuk bertemu dengan Kristus yang hidup.

Kerjasama anda membantu kami:

1. Menghasilkan Kandungan Filem & Video yang Penuh Semangat

Kisah dan ajaran yang menyembuhkan, memberi inspirasi, dan mendedahkan kasih Yesus dengan cara yang jelas, mudah difahami dan mengubah hidup.

2. Siarkan Injil di Radio

Membawa Firman Tuhan ke penjara, hospital, komuniti luar bandar, dan tempat-tempat yang jauh di luar jangkauan internet—di mana harapan sukar didapati dan kebenaran berharga.

3. Luaskan Kempen Pengajaran & Pemuridan Media Sosial Kami
Renungan harian, doa, dan ajaran yang menguatkan orang percaya, memulihkan keluarga, dan melengkapi murid di seluruh dunia.

Mengapa Sokongan Anda Penting

Setiap mesej yang dilepaskan menjadi benih cahaya.
Setiap ajaran menjadi riak transformasi. Setiap tindakan kemurahan hati menjadi sebahagian daripada tuaian global Tuhan.
Pemberian anda membantu pelayanan ini menjangkau jiwa-jiwa yang mungkin tidak akan kita temui di bumi, tetapi pasti akan kita temui di keabadian. Tiada jumlah yang tetap—berilah hanya apabila Tuhan memimpin anda. Setiap pemberian, besar atau kecil, memainkan peranan dalam memajukan Kerajaan.

Untuk Menjadi Rakan Kongsi atau Memberi:
PayPal:
https://www.paypal.com/ncp/payment/D6NEFW56KG8LU
Perpuluhan.ly:
https://tithe.ly/give?c=308311

Flutterwave –
https://flutterwave.com/donate/bbkpkokehxlw

Semua Jalan Pemberian:
https://www.otakada.org/partnership-giving
Terima kasih kerana berdiri bersama kami.
Terima kasih kerana menyemai tuaian. Terima kasih kerana membantu kami membawa mesej Kristus kepada bangsa-bangsa.
Semoga Tuhan memberkati kamu dengan limpah, menambah kamu dengan limpah, dan melipatgandakan setiap benih yang kamu tabur untuk kemuliaan-Nya.
Dalam nama Yesus yang perkasa, Amin.

—Duta Isnin O. Ogbe , Zacharias Godseagle ; Selesa Ladi Pengasas Ogbe
, Kementerian Helang Tuhan (GEM)
www.otakada.org

Bagaimana untuk Dilahirkan Semula dan Memulakan Kehidupan Baru bersama Kristus

Mungkin anda pernah berjalan bersama Yesus sebelum ini, atau mungkin anda baru sahaja bertemu dengan-Nya sepanjang 40 hari ini. Tetapi sekarang, sesuatu di dalam diri anda sedang bergejolak.

Kamu bersedia untuk lebih daripada sekadar agama.

Kamu bersedia untuk **menjalin hubungan** .

Kamu bersedia untuk berkata, "Yesus, aku memerlukan-Mu."

Inilah kebenarannya:

"Sebab semua orang telah berbuat dosa; kita semua telah gagal mencapai standar kemuliaan Allah... namun Allah, dalam rahmat-Nya, dengan cuma-cuma menjadikan kita benar di hadapan-Nya."

— Roma 3:23–24 (NLT)

Anda tidak boleh mendapatkan keselamatan.

Anda tidak boleh memperbaiki diri sendiri. Tetapi Yesus telah membayar harga penuh — dan Dia sedang menunggu untuk menyambut anda pulang.

Cara Dilahirkan Semula

Dilahirkan semula bermaksud menyerahkan hidup anda kepada Yesus — menerima pengampunan-Nya, percaya bahawa Dia telah mati dan bangkit semula, dan menerima-Nya sebagai Tuhan dan Penyelamat anda.

Ia mudah. Ia berkuasa. Ia mengubah segala-galanya.

Doakan Ini Dengan Kuat:

"Tuhan Yesus, aku percaya Engkaulah Anak Tuhan. Aku percaya Engkau telah mati untuk dosa-dosaku dan bangkit semula. Aku mengaku bahawa aku telah berdosa dan aku memerlukan pengampunan-Mu. Hari ini, aku bertaubat dan berpaling dari cara hidupku yang lama. Aku menjemput-Mu ke dalam hidupku untuk menjadi Tuhan dan Penyelamatku. Basuhlah aku

sehingga bersih. Penuhilah aku dengan Roh-Mu. Aku menyatakan bahawa aku dilahirkan semula, diampuni, dan bebas. Mulai hari ini dan seterusnya, aku akan mengikut-Mu —dan aku akan hidup dalam jejak langkah-Mu. Terima kasih kerana menyelamatkan aku. Dalam nama Yesus, amin."

Langkah Seterusnya Selepas Keselamatan

1. **Beritahu Seseorang** – Kongsikan keputusan anda dengan orang yang anda percayai.
2. **Cari Gereja Berasaskan Bible** – Sertai komuniti yang mengajar Firman Tuhan dan mengamalkannya. Lawati pelayanan God's Eagle dalam talian melalui https://www.otakada.org atau https://chat.whatsapp.com/H67spSun32DDTma8TLh0ov
3. **Dibaptis** – Ambil langkah seterusnya secara terbuka untuk mengisytiharkan iman anda.
4. **Bacalah Alkitab Setiap Hari** – Mulakan dengan Injil Yohanes.
5. **Berdoa Setiap Hari** – Bercakap dengan Tuhan sebagai seorang sahabat dan Bapa.
6. **Kekal Terhubung** – Kelilingi diri anda dengan orang yang menggalakkan perjalanan baharu anda.
7. **Mulakan Proses pemuridan dalam komuniti** – Bina hubungan secara individu dengan Yesus Kristus melalui pautan ini

Pemuridan 40 hari 1 - https://www.otakada.org/get-free-40-days-online-discipleship-course-in-a-journey-with-jesus/
40 Pemuridan 2 - https://www.otakada.org/get-free-40-days-dna-of-discipleship-journey-with-jesus-series-2/

Detik Penyelamatan Saya
Tarikh : ________________________

Tandatangan : ____________________
"Jika sesiapa ada di dalam Kristus, ia adalah ciptaan baru: yang lama sudah berlalu, sesungguhnya yang baru sudah datang!"
— 2 Korintus 5:17

Sijil Kehidupan Baharu dalam Kristus

Deklarasi Keselamatan – Dilahirkan Semula oleh Rahmat
Ini mengesahkan bahawa

____

(Nama Penuh)
telah mengisytiharkan secara terbuka **iman kepada Yesus Kristus**
sebagai Tuhan dan Penyelamat dan telah menerima anugerah keselamatan secara cuma-cuma melalui kematian dan kebangkitan-Nya.
"Jika kamu mengaku secara terbuka bahawa Yesus adalah Tuhan dan percaya dalam hatimu bahawa Tuhan telah membangkitkan Dia dari antara orang mati, kamu akan diselamatkan."
— Roma 10:9 (NLT)
Pada hari ini, syurga bergembira dan perjalanan baharu bermula.
Tarikh Keputusan : __________________________

Tandatangan : _________________________________

Deklarasi Keselamatan
"Hari ini, aku menyerahkan hidupku kepada Yesus Kristus. Aku percaya Dia mati untuk dosa-dosaku dan bangkit semula. Aku menerima-Nya sebagai Tuhan dan Penyelamatku. Aku diampuni, dilahirkan semula, dan dijadikan baharu. Mulai saat ini, aku akan berjalan di jejak-Nya."
Selamat datang ke Keluarga Tuhan!
Namamu tertulis dalam Kitab Kehidupan Anak Domba.
Kisahmu baru sahaja bermula — dan ia kekal.

BERHUBUNG DENGAN MINISTRI EAGLE TUHAN

- Laman web: www.otakada.org
- Siri Kekayaan Melampaui Kebimbangan: www.wealthbeyondworryseries.com
- Emel: ambassador@otakada.org

- **Sokong kerja ini:**

Sokong projek kerajaan, misi dan sumber global percuma melalui pemberian yang dipimpin oleh perjanjian.

Imbas Kod QR untuk Menderma

https://tithe.ly/give?c=308311

Kemurahan hati anda membantu kami menjangkau lebih ramai jiwa, menterjemahkan sumber, menyokong mubaligh dan membina sistem pemuridan di seluruh dunia. Terima kasih!

BIO Pengarang

Zacharias Godseagle

Pengarang • Guru • Pemimpin Berwawasan
Zacharias Godseagle ialah seorang guru Firman yang bersemangat dan suara yang arif kepada Tubuh Kristus. Membawa rahmat unik untuk wawasan rohani, Zacharias melayani dengan kejelasan, kedalaman kenabian, dan keinginan yang membara untuk melihat orang percaya berjalan dalam kesucian, kesalehan, dan penyerahan diri yang tulen kepada Kristus.
Sebagai rakan sekerja dalam kerja God's Eagle Ministries (GEM), beliau memainkan peranan penting dalam membentuk kandungan pemuridan, pencerahan kitab suci, dan jangkauan berasaskan media yang menyentuh kehidupan merentasi sempadan digital dan fizikal. Tulisan-tulisannya memberi tumpuan kepada transformasi dalaman, ketaatan, dan pemulihan Kristus ke takhta hati orang percaya.
Zacharias didorong oleh keyakinan yang mudah: **apabila hati sejajar, takdir juga sejajar.**
Beliau terus menjangkau khalayak di seluruh dunia melalui pengajaran, bimbingan dan projek kreatif yang dipenuhi Roh.

Duta Isnin O. Ogbe

Pengarang • Komunikator Mubaligh • Pengasas, God's Eagle Ministries (GEM)
Duta Isnin Oreojo Ogwuojo Ogbe ialah pengasas **God's Eagle Ministries (GEM)** — sebuah misi global dengan mandat untuk "menghubungkan manusia dengan Tuhan melalui Firman-Nya." Dikenali kerana keghairahannya yang mendalam terhadap kebenaran, penceritaan emosi, dan pengajaran kenabian, beliau melayani di seluruh negara melalui penulisan, podcasting, pembikinan filem, penginjilan digital, dan pemuridan.

Dengan latar belakang dalam kepimpinan, media dan misi, Ambassador Monday membawakan urapan merentas budaya yang bergema dari Afrika hingga Asia, Amerika, Eropah dan Timur Tengah. Ajarannya menghadapi pertempuran tersembunyi di hati orang percaya—ketamakan, pergelutan identiti, rasa puas diri secara rohani dan hakisan halus keintiman dengan Tuhan.

Beliau merupakan pengarang pelbagai renungan, siri buku dan ajaran multimedia yang menjangkau berjuta-juta orang melalui otakada.org dan platform digital GEM.

Pesanan hidupnya ringkas tetapi mendalam:

"Apabila Kristus duduk di tengah, segala-galanya akan mengambil tempat yang sepatutnya."

Comfort Ladi Ogbe

Pengarang • Pendoa Syafaat • Rakan Sekerja dalam Kementerian

Comfort Ladi Ogbe ialah seorang penulis, pendoa syafaat, dan rakan sekerja dalam tugasan Kerajaan Tuhan di bawah Kementerian Helang Tuhan. Dikurniakan dengan belas kasihan, kebijaksanaan, dan semangat yang memupuk, beliau membawa kedalaman emosi dan landasan rohani kepada setiap projek yang disentuhnya.

Sumbangannya—selalunya di sebalik tabir—membawa aroma kerendahan hati, kebijaksanaan, dan penyembuhan.

Keselesaan melayani melalui kaunseling, doa, pemuridan, dan kerjasama kreatif, terutamanya dalam karya yang menekankan pemulihan keluarga, kematangan rohani, dan transformasi hati.

Sebagai seorang penulis, beliau menulis berdasarkan pengalaman hidup dan keyakinan rohani, menawarkan pembaca kejelasan, keselesaan, dan galakan untuk mengejar keutuhan dalam Kristus.

Comfort komited untuk membantu orang percaya mengalami Tuhan bukan sahaja dalam pengetahuan, tetapi juga dalam kehidupan seharian—di mana hati belajar untuk percaya, menyerah, dan berkembang.

Halaman Pengarang:
https://www.amazon.com/stores/Zacharias-Godseagle/author/B0FCZ89D4K

BUKU & SUMBER YANG DISYORKAN

ST. AUGUSTINE DARI HIPPO (354–430 M)
Dari Hati yang Gelisah kepada Kehidupan yang Tertulis
- Surat-surat Hidup – Siri Renungan 40 Hari - 1

Pautan Ebook Amazon -
https://www.amazon.com/ST-AUGUSTINE-HIPPO-354-430-Devotional-ebook/dp/B0GJN8N9XS

Pautan pesanan Buku Kulit Paperback Amazon -
https://www.amazon.com/St-Augustine-Hippo-354-430-Devotional/dp/B0GJWTVLR6

Ingramspark -
https://shop.ingramspark.com/b/084?params=BZOOW3dj93aGEtBL2Fv1VY8wV1OQvA10dtZRDgk7Z9Z

IMBAS SAYA

PEMBAHARUAN 7
Sembuhkan Hati Rumah Anda dalam 7 Hari
Siri Pembaharuan – Edisi Perpaduan Keluarga

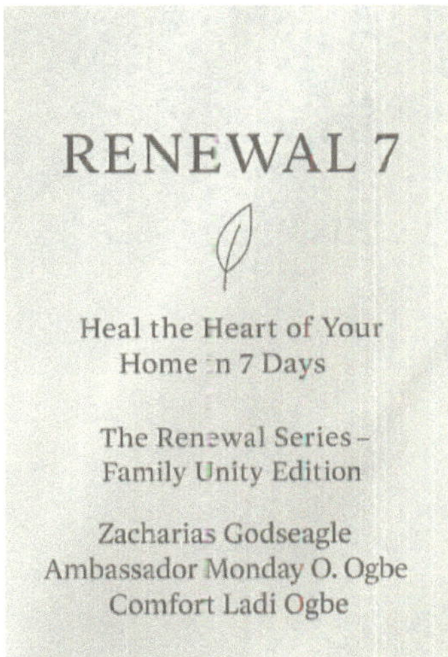

Pautan ke Buku Kulit Lembut -
https://shop.ingramspark.com/b/084?params=htyfL002e1JzyEpZWkKtaXWF5FJ1jZFOjgiQKEfcbnw

Pautan ke Halaman Amazon Kulit lembut -
https://www.amazon.com/RENEWAL-Heal-Heart-Your-Renewal/dp/B0GD92153W

Pautan ke Ebook Amazon –

https://www.amazon.com/RENEWAL-Heal-Heart-Your-Renewal-ebook/dp/B0G91BMFND

IMBAS SAYA –

Pautan ke Kulit Lembut -
https://shop.ingramspark.com/b/084?params=nSEElv9oUsItOu5akVZlg4ycGbbmvlBOtSiqeOZr5yQ

Pautan ke buku kulit lembut Amazon -
https://www.amazon.com/RENEWAL-MARRIAGE-Heart-Marriage-Renewal/dp/B0GDC1YZJ7

Pautan ke Ebook Amazon -
https://www.amazon.com/RENEWAL-MARRIAGE-Heart-Marriage-Renewal-ebook/dp/B0G6JXJWJL

Takhta hati – 12 pertempuran yang mesti kita menangi

E-buku Amazon -
https://www.amazon.com/THRONE-HEART-COVETOUSNESS-Counterfeit-CONTENTMENT-ebook/dp/B0G4SPFRY7

Kulit lembut Amazon -
https://www.amazon.com/THRONE-HEART-COVETOUSNESS-Counterfeit-CONTENTMENT/dp/B0G4TKW1ND

Kulit lembut daripada Ingramspark -
https://shop.ingramspark.com/b/084?params=a75LJXtvvI63VnzeQPleQTkAJWfu8CPQV615Oe31D80

Khutbah 4 dalam 1 oleh Zacharias Godseagle dengan pautan Audio –

Ebook Amazon - https://www.amazon.com/Sermons-Zacharias-Godseagle-Audio-links-ebook/dp/B0G4XCH4TW

Buku kulit lembut Amazon -
https://www.amazon.com/Sermons-Zacharias-Godseagle-Audio-links/dp/B0G4TK4XGT

Pautan Ingram spark kulit lembut -
https://shop.ingramspark.com/b/084?params=nK2JERskkbhdAOSNseTUNRhaCFqUPZuhB4uYfqrXvGb

KOD JEMAAH HAJI: Kebangkitan AI

E-buku - https://www.amazon.com/Logos-Protocol-Awakening-artificial-intelligence-ebook/dp/B0FXNQFSWZ

Kulit lembut - https://www.amazon.com/Logos-Protocol-Awakening-artificial-intelligence/dp/B0FXNGR66D

Kulit Keras - https://www.amazon.com/Logos-Protocol-Awakening-artificial-intelligence/dp/B0FZNTQR6Y

Ingramspark Kulit Lembut - https://shop.ingramspark.com/b/084?params=QkK4aNYTYO9U5z9uOkdHgc7Ue1eGDLqbb1tz9WRPaSk

Mengapa Pembebasan Gagal - dan Bagaimana Api Tuhan Memulihkan Jiwa: 40 Deklarasi Harian untuk Pembebasan Menyeluruh

E-buku - https://www.amazon.com/Why-Deliverance-Fails-Declarations-All-Round-ebook/dp/B0FW74L4G4

Kulit lembut - https://www.amazon.com/Why-Deliverance-Fails-Declarations-All-Round/dp/B0FWB3LXRM

Diselamatkan tetapi Hilang – Mualaf yang Tidak Bermurid – diterjemahkan ke dalam 25 bahasa

Kulit lembut
https://shop.ingramspark.com/b/084?params=iYNB6S3PLMfREpm0jMM15bMe3BvWlkjcYyLYnHVGAds
E-buku - https://www.amazon.com/SAVED-BUT-LOST-UNDISCIPLED-heartbreak-ebook/dp/B0FVJ29DF7

7 HARI PEPERANGAN & PEMULIHAN ROHANI - ini adalah Bahagian 1

Mengikat Musuh, Mengembalikan Anak Panah Tujuh Kali Lipat, dan Memulihkan Takdir Anda

https://shop.ingramspark.com/b/084?params=8mPzqUl73Ex7uPyeO7ydyt8EGkkB6u2gX1jZvWU8j1C

Pautan e-buku - https://www.amazon.com/DAYS-SPIRITUAL-WARFARE-RECOVERY-Returning-ebook/dp/B0FMPJM5KZ

7 HARI PEPERANGAN & PEMULIHAN ROHANI - Bahagian 2 - Memeteraikan Kemenangan, Mematahkan

Kejahatan Rumah Tangga, dan Memelihara Takdir Anda yang Dipulihkan

Kulit lembut - https://shop.ingramspark.com/b/084?params=LkpNmGSsApHhWhiSO7bW3wFmcXQKIO4ZEBeSbP5rL1S

E-buku - https://www.amazon.com/DAYS-SPIRITUAL-WARFARE-RECOVERY-Wickedness-ebook/dp/B0FR9YCMY8

DARI KEGELAPAN KEPADA PENGUASAAN: 40 Hari untuk Membebaskan Diri daripada Cengkaman Kegelapan yang Tersembunyi

–

Renungan Global tentang Kesedaran, Pembebasan & Kuasa - Untuk Individu, Keluarga dan Negara yang Bersedia untuk Bebas

Kulit lembut

https://shop.ingramspark.com/b/084?params=aVgp21QfwJxNANkfMxIQ0yejuFCVY12KFr978SRkZUD

Amazon - https://www.amazon.com/DARKNESS-DOMINION-Devotional-Awareness-Deliverance-ebook/dp/B0FLDH2Y67

- *Disampaikan daripada Kuasa Kegelapan* **(Buku Kulit Paperback)** — Beli Di Sini | Ebook di Amazon

  - **Ulasan Teratas dari Amerika Syarikat:**
    - **Pelanggan Kindle** : "Bacaan Kristian Terbaik!" (5 bintang)

Puji Yesus atas kesaksian ini. Saya telah diberkati dan akan mengesyorkan setiap orang untuk membaca buku ini... Kerana upah dosa ialah maut tetapi kurnia Tuhan ialah hidup yang kekal. Shalom! Shalom!

- **Da Gster** : "Ini buku yang sangat menarik dan agak pelik." (5 bintang)

Jika apa yang dikatakan dalam buku itu benar, maka kita benar-benar ketinggalan jauh dalam apa yang musuh mampu lakukan! ... Satu kemestian bagi sesiapa sahaja yang ingin belajar tentang peperangan rohani.

- **Visa** : "Suka buku ini" (5 bintang)

Ini membuka mata... satu pengakuan yang benar... Baru-baru ini saya telah mencarinya di merata tempat untuk membelinya. Saya sangat gembira dapat mendapatkannya dari Amazon.

- **FrankJM** : "Agak berbeza" (4 bintang)

Buku ini mengingatkan saya betapa sebenar peperangan rohani itu. Ia juga mengingatkan saya tentang sebab untuk memakai "Seluruh Perisai Tuhan".

- **JenJen** : "Semua orang yang ingin pergi ke Syurga - bacalah ini!" (5 bintang)

Buku ini telah banyak mengubah hidup saya. Bersama-sama dengan kesaksian John Ramirez, ia akan membuatkan anda melihat iman anda secara berbeza. Saya telah membacanya sebanyak 6 kali!

- *Bekas Satanis: The James Exchange* (Buku Kulit Lembut) — Beli Di Sini | Ebook di Amazon

- ***KESAKSIAN SEORANG BEKAS SYAITAN Afrika*** - *Pastor JONAS LUKUNTU MPALA* (Buku lembut) — Beli Di Sini | Ebook di Amazon

- *Eksploitasi Lebih Besar 14* (Kulit Kulit) — Beli Di Sini | Ebook di Amazon

- *Keluar dari Kawah Syaitan* oleh John Ramirez — Tersedia di Amazon
- *Dia Datang untuk Membebaskan Tawanan* oleh Rebecca Brown — Cari di Amazon

Buku-buku lain yang diterbitkan oleh penulis – Lebih 1000 judul

Dicintai, Dipilih dan Sepenuhnya : Perjalanan 30 Hari dari Penolakan ke **Pemulihan** diterjemahkan ke dalam 40 bahasa di dunia

https://www.amazon.com/Loved-Chosen-Whole-Rejection-Restoration-ebook/dp/B0F9VSD8WL

https://shop.ingramspark.com/b/084?params=xga0WR16muFUwCoeMUBHQ6HwYjddLGpugQHb3DVa5hE

Dalam Langkah-Nya — Cabaran WWJD 40 Hari: Hidup Seperti Yesus dalam Kisah Nyata di Seluruh Dunia

https://www.amazon.com/His-Steps-Challenge-Real-Life-Stories-ebook/dp/B0FCYTL5MG

https://shop.ingramspark.com/b/084?params=DuNTWS59IbkvSKtGFbCbEFdv3Zg0FaITUEvlK49yLzB

YESUS DI PINTU:
40 Kisah Menyayat Hati dan Amaran Terakhir Syurga untuk Gereja-gereja HARI INI
https://www.amazon.com/dp/B0FDX31L9F

https://shop.ingramspark.com/b/084?params=TpdA5j8WPvw83glJ12N1B3n-8LQte2a1lIEy32bHcGg

KEHIDUPAN PERJANJIAN: 40 Hari Berjalan dalam Berkat Ulangan 28

- https://www.amazon.com/dp/B0FFJCLDB5

Kisah-kisah daripada Orang Sebenar, Ketaatan Sebenar, dan Kebenaran

https://shop.ingramspark.com/b/084?params=bH3pzfz1zdCOLpbs7tZYJNYgGcYfU32VMz3J3a4e2Qt

Transformasi dalam lebih 20 bahasa

MENGENALINYA & MENGENALINYA:
40 Hari untuk Penyembuhan, Pemahaman, dan Cinta yang Berkekalan

https://www.amazon.com/KNOWING-HER-HIM-Healing-Understanding-ebook/dp/B0FGC4V3D9

https://shop.ingramspark.com/b/084?params=vC6KCLoI7Nnum24BVmBtSme9i6k59p3oynaZOY4B9Rd

LENGKAP, BUKAN BERTANDING:
Perjalanan 40 Hari Menuju Tujuan, Perpaduan, dan Kerjasama

https://shop.ingramspark.com/b/084?params=5E4v1tHgeTqOOuEtfTYUzZDzLyXLee30cqYo0Ov9941

https://www.amazon.com/COMPLETE-NOT-COMPETE-Journey-Collaboration-ebook/dp/B0FGGL1XSQ/

KOD KESIHATAN ILAHI - 40 Kunci Harian untuk Mengaktifkan Penyembuhan Melalui Firman dan Ciptaan Tuhan Buka Kuasa Penyembuhan Tumbuhan, Doa, dan Tindakan Nubuat

https://shop.ingramspark.com/b/084?params=xkZMrYcEHnrJDhe1wuHHYixZDViiArCeJ6PbNMTbTux

https://www.amazon.com/dp/B0FHJT42TK

Buku-buku lain boleh didapati di halaman pengarang
https://www.amazon.com/stores/Ambassador-Monday-O.-Ogbe/author/B07MSBPFNX

www.ingramcontent.com/pod-product-compliance
Lightning Source LLC
LaVergne TN
LVHW042049051026
849517LV00012B/324
* 9 7 9 8 2 9 5 7 3 5 7 3 8 *